EDGARD ARMOND,

meu pai

ismael armond

EDGARD ARMOND, *meu pai*

Editora Aliança

1ª edição, 1ª reimpr., Ago/2007, 6º e 7º milheiros

Título

EDGARD ARMOND, meu pai

Copyright 2001

Autor

Edgard Armond

Revisão

Maria Vieira de Freitas

Editoração

MMS

Capa

Elifas Alves

Impressão

H R Gráfica e Editora Ltda.

ficha catalográfica

Armond, Ismael, 1934 -
A763e Edgard Armond, meu pai / Ismael Armond
2ª edição - São Paulo: Editora Aliança - 2007
208 págs.

1. Espiritismo 2. Biografia I. Título

CDD - 133.9

EDITORA ALIANÇA

Rua Francisca Miquelina, 259 - Bela Vista - São Paulo - SP
CEP 01316-000 - Fone: (0xx11) 3105.5894 - Fax: (0xx11) 3107.9704
www.editoraalianca.org.br e-mail: distribuidora@editoraalianca.org.br

agradecimento

À Maria Luiza – Maluh –, minha querida esposa, alma afim e companheira de tantas jornadas, pelo permanente apoio, compreensão e incentivo.

Sumário

Introdução

Estou completando meus sessenta e seis anos e já atingi aquele estágio da vida em que os mais jovens e os economistas costumam dizer "deixa-se de realizar atividades produtivas".

Aposentado, mudei-me para uma cidade do interior e, costumeiramente, visito minhas irmãs mais velhas e meus cunhados que estão na mesma situação.

Resido em uma chácara onde minha mãe e meu irmão mais velho, ambos já de volta ao plano espiritual, adoravam passar uns dias comigo e com minha querida companheira. Ela e minha saudosa mãe tinham uma afinidade incrível.

Foi numa dessas visitas às minhas irmãs que recebi uma caixa repleta de documentos que haviam pertencido a meu pai. Minha irmã Magdalena e seu esposo Gentil explicaram tratar-se de documentos pessoais, correspondências, mensagens e estudos, que o papai guardava e que foram parar em suas mãos. Recomendaram-me que verificasse o conteúdo dos mesmos e guardasse o que fosse de interesse.

Trouxe para minha casa e, com bastante curiosidade, comecei a analisá-los.

Iniciei por uma espécie de caderno muito antigo de capa dura e notei que a maioria dos textos continham anotações com datas anteriores à do meu nascimento. Procurei ver outros, já amarelados pelo tempo. Notei que um calhamaço era a tradução por ele realizada de um livro editado em francês; a tradução escrita a lápis, em papel com timbre de um batalhão da Força Pública do Estado de São Paulo, e algumas das últimas folhas em papel da Biblioteca da mesma Corporação.

O que mais me impressionou é que essa tradução de *Os Vedas*, o livro sagrado dos hindus, estava datada de 1920; isto quer dizer que meu pai realizou esse trabalho quando tinha vinte e seis anos, era recém-casado e residia no interior do estado de São Paulo.

Após chorar bastante cheguei à conclusão de que, positivamente, eu conheci muito pouco aquele que nesta existência foi meu adorado pai. Sua dedicação e interesse, desde jovem, para os assuntos ligados à espiritualidade, demonstram uma evolução e uma ligação anterior bastante acentuadas para com as coisas de Deus.

Me recordo que ele em casa sempre se recolhia no escritório, onde eu não podia acompanhá-lo, porque ia escrever. Mas nunca pude imaginar que aquele que foi minha companhia constante na infância, a quem eu acompanhava quase todos os dias ao trabalho, quer enquanto ainda era militar, quer após termos também, juntos, sofrido o acidente que o afastou da profissão e que mudou sua vida, poderia ter escrito tanto e coisas tão bonitas, profundas e importantes para todos nós.

Diante disso, resolvi que deveria catalogar tudo e, dentro do possível, reconstituir sua maravilhosa vida, suas mais de setenta obras literárias, trabalho esse dedicado ao Espiritismo e à Federação Espírita do Estado de São Paulo, para onde eu o acompanhava quase que diariamente em seu trabalho de escritório ou assistindo palestras, muitas delas por ele proferidas.

É isso que tento fazer nas páginas seguintes deste livro, tendo, no entanto, a certeza de que o que consegui aqui reunir é certamente muito pouco daquilo que ele doou de si próprio, em benefício do país e da coletividade em geral e do Espiritismo, em particular.

Deixo de relatar os detalhes de nossa vida em família, por entender que isso está fora do sentido que desejo dar a este meu trabalho; assim, também, deixo de fazer constar as mensagens recebidas e o relato dos trabalhos espirituais que dirigiu e que continham recomendações dele ou das entidades participantes para que não fossem divulgados.

No entanto, não posso deixar de fazer constar uma homenagem que ele certamente deseja que seja assinalada à minha mãe, Nancy de Menezes Armond, sua companheira dessa última encarnação, que foi seu permanente apoio, para que pudesse dedicar a totalidade de seu tempo ao trabalho, estudo e à redação de suas obras literárias; permaneceu paciente e amorosamente junto a ele, mesmo quando ele pouco tempo podia dedicar a ela e, mais tarde, sob seus carinhosos e permanentes cuidados, quando ele não mais podia se locomover. A ela, todo amor e dedicação, ele e eu, aqui rendemos nossas homenagens.

Outro aspecto que devo salientar, neste trabalho que humildemente apresento aos meus irmãos em Cristo, para sua meditação e análise, é que ao transcrever textos por ele redigidos posso ter cometido enganos de interpretação, pois a maioria desses textos se encontra escrita a lápis, são documentos bastante antigos e, em conseqüência, já um pouco apagados pelo tempo e, nem sempre, sua letra é perfeitamente legível.

Creio ser ainda importante indicar que alguns poucos textos aqui reproduzidos foram por ele aprimorados ou modificados parcialmente e utilizados em pelo menos um de seus livros.

Para melhor entender sua história, descrevemos uma primeira parte com o profissional, a pesquisa, o estudo, os pensamentos filosóficos e teológicos e uma segunda parte dedicada integralmente ao Espiritismo. Procurei dividir sua vida em três períodos, a saber: até 1939, quando deixa a vida militar; após 1940, quando passa a dedicar-se exclusivamente à Federação Espírita do Estado de São Paulo, e após seu afastamento da direção dessa Instituição, em razão da doença que o acompanhou até o desencarne.

Dezembro de 2000

O Autor

Primeira Parte

Edgard Armond (2º da direita p/ a esquerda) com oficiais do Exército na fronteira com o Paraguai - 1925.

Uma vida cheia de contrastes...

A origem do nome de família

Meu pai iniciou a pesquisar a genealogia da família *Armond* em meados da década de 1930, trabalho esse que consegui, nestes últimos anos, complementar, mas que creio ainda poder ser ampliado, com dados a serem colhidos na Europa e, mais provavelmente, na França.

Não consegui encontrar todos os dados que ele apresentou em sua autobiografia sintética. Segundo as pesquisas que encontrei, feitas por ele, os levantamentos que realizei no Brasil e a citação de vários estudiosos do assunto, a origem seria de franceses instalados na Ilha da Madeira e, posteriormente, no Arquipélago dos Açores; o que está documentado é que o primeiro residente no Brasil foi Francisco Ferreira Armond, nascido na localidade de São Sebastião, Ilha Terceira dos Açores, entre 1691 e 1694, e chegado ao Brasil após 1725, acompanhado de sua mulher, Ângela Maria da Conceição Camelo, com quem havia celebrado núpcias, na mesma localidade e Ilha, em 25 de janeiro de 1721; instalaram-se na atual região de Barbacena, Minas Gerais, onde construíram a primitiva Fazenda dos Moinhos.

Deram eles origem a uma grande família, que ocupou, desde os tempos coloniais e principalmente no período do império, destacadas posições políticas, econômicas e culturais, nas regiões de Barbacena, Juiz de Fora e mesmo na Corte, no Rio de Janeiro.

Naturalidade

Nasceu Edgard Armond, em 14 de junho de 1894, em uma fazenda, no município de Guaratinguetá, no estado de São Paulo, onde residiu enquanto viveu em sua cidade natal.

Filiação e ascendência

Pai: Henrique Ferreira Armond, filho de Honório Augusto Ferreira Armond, Barão de Pitangui II, e de Maria José Ferreira Lage (primos), originários de Barbacena, MG; sobrinho-neto do Dr. Camilo Maria Ferreira Armond, Conde de Prados, e de Mariano Procópio Ferreira Lage, ambos de Juiz de Fora, MG.

Mãe: Leonor Pereira de Souza Armond, filha de Dr. José Antônio Pereira de Souza, originários de Formiga, MG.

Evolução histórica

Realizou os cursos primário e secundário, em Guaratinguetá.

Já em 1910, com 16 anos, iniciou estudos sobre religiões e filosofias, demorando-se mais nos conhecimentos orientais, mais ricos de ensinamentos e de tradições.

Transferiu-se para São Paulo em 1912 e no mesmo ano para o Rio de Janeiro, ingressando no comércio e, ao mesmo tempo, prosseguindo seus estudos.

Voltando para São Paulo, alistou-se na Força Pública do Estado, em 10 de maio de 1915, como soldado. Ingressou, em seguida, na Escola de Oficiais tendo sido declarado Aspirante a Oficial em 15 de março de 1917, com 23 anos de idade.

A primeira obra de sua autoria que encontrei está datada de 1917, isto é, quando ele era ainda aluno da Escola de Oficiais. Trata-se da poesia que abaixo transcrevo e que mantém à margem uma observação, "rever" *:

"*Soneto*

Quem quiser desvendar os mistérios da vida
E os mistérios fatais da carne surpreender,
Por certo há de encontrar – desperta ou adormecida –
A mesma vibração de dor em cada ser.

Que a vida é um mar inato... e a mágoa vai perdida
Por sobre ele a boiar – por sobre ele a correr.
Abrindo em cada peito uma chaga dorida,
Ateando em toda parte a chama do sofrer.

Nascer... chorar... sorrir... Da vida as primaveras
São sonhos que se esvaem... são fúlgidas quimeras,
São brancas ilusões enfeitadas de flores.

Chorar... Sorrir... depois – a morte – a treva – assim
Mais vale então morrer, que a morte é sempre o fim
Das provações fatais neste mundo de Deus."

*Obs.: Possivelmente a observação para rever o poema acima se dê na estrofe final, onde o tom fatalista da morte encontra outras definições no Espiritismo, que ele, mais tarde, abraçaria, em definitivo.

Em 1919, com 25 anos de idade, casou-se com Nancy de Menezes Armond, filha do Marechal do Exército, Manoel Felix de Menezes.

Comandou destacamentos em Santos, São João da Boa Vista e Amparo, antes de fixar-se na Capital.

Foi em São João da Boa Vista, como Segundo Tenente, em 1920, que começou a fazer a tradução de *Os Vedas*.

Pai.

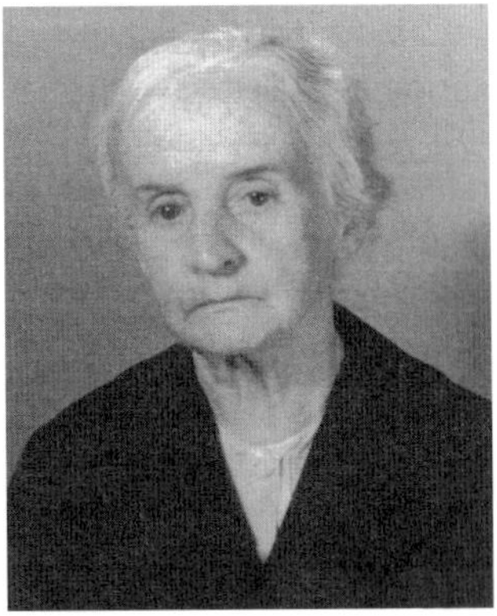

Mãe.

Avó.

Edgard Armond, esposa e a filha Miriam, 1927.

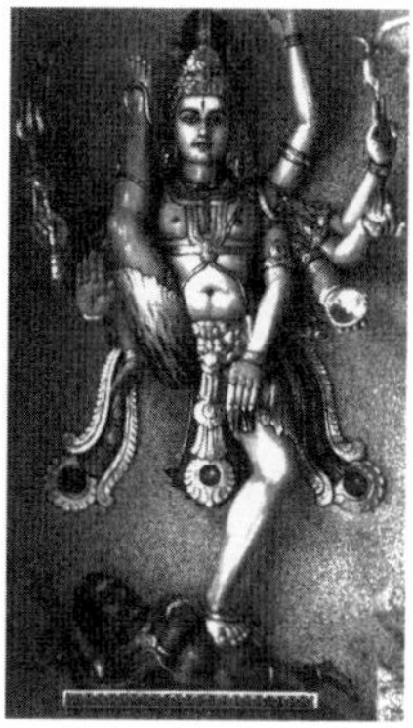

Os Vedas

Não poderíamos deixar de transcrever aqui pelo menos alguns trechos deste livro, *Os Vedas*, para que o leitor possa avaliar por si o tipo de influência que esta obra lhe teria trazido, no decurso de uma introdução espiritual nesta existência, antes de sua dedicação integral ao Espiritismo.

Iniciou a tradução de *Os Vedas* quando ainda jovem, recém-casado, contando apenas 25 anos de idade. Devido à importância desta obra para o mundo ocidental, assim como nos meios intelectuais à época, é bem possível que ela, talvez mais que outras, o tenha influenciado, aproximando-o do espiritualismo, uma ponte que o levaria mais tarde ao Espiritismo, pela proximidade da questão reencarnacionista e dos temas "Deus" e *post-mortem*, entre outros.

"Tradução de *Os Vedas*
O Olimpo Bramânico
A Mitologia de Manu
Por Louis Jacolliot – Edição de 1881
Tradução do original em francês, realizada por Edgard Armond
Janeiro de 1920 – São João da Boa Vista – SP

Primeira Parte

Os Vedas

As origens de Manu

Segundo a opinião dos "pandits" ou brâmanes instruídos, o livro da lei de Manu é formado da quintessência de *Os Vedas*. *Os Vedas* são em número de quatro: o *Rig Veda*, o *Yadjou Veda*, o *Sama Veda* e o *Atharva Veda*.

O *Rig Veda* é uma coleção de cantos, hinos e tradições nacionais; nele encontram-se também hinos sobre os ritos sacerdotais, sobre a unção dos sacerdotes, a sagração dos reis e a escola que é recomendada a todos, em favor dos brâmanes. O *Rig* canta sobretudo as mil expansões da força divina sob os nomes de Agni, Indra, Sourya, Varonna e Rondra, nos quais se resumem muitas vezes as manifestações sob o nome de Devas. Ele é escrito inteiramente em versos.

O *Sama Veda*, que da mesma forma é todo cantado em versos e o *Yadjou Veda*, contendo prosa e verso, são ambos, por assim dizer, ritos litúrgicos e prescrevem os hinos e os cantos das cerimônias sacerdotais.

O *Atharva Veda*, conquanto contenha uma certa quantidade de hinos é, sobretudo, uma coleção de preces ou orações, mantras e conjurações mágicas. O soneto sânscrito seguinte, gravado no frontispício dos manuscritos do *Atharva*, indica suficientemente o objeto desta obra:

> Tudo o que existe está sob o poder dos deuses.*
> Os deuses estão sob o poder dos mantras.**
> Os mantras estão sob o poder dos brâmanes.***
> Logo, os templos estão sob o poder dos brâmanes".

* Equivalente aos espíritos, habitantes das esferas espirituais.

** Prece, repetida e cantada, dos hindus.

*** Brâmanes: sacerdotes, intérpretes das leituras sagradas.

Do *Rig Veda* selecionei:

"Aquele que é a audição da audição, a inteligência da inteligência, a palavra da palavra, o sopro vital do sopro vital, a vista da vista, é este que torna imortais os sábios, que são libertados dos liames terrestres pelo conhecimento do 'Ser Supremo'.

✦

É por isso que o olhar não O pode alcançar; a palavra não O pode alcançar, nem a inteligência O compreender. Nós não sabemos nem conhecemos como Ele poderá ser distinguido ou conhecido, porque Ele está acima do que pode ser compreendido pela ciência; eis o que nós temos aprendido dos deuses dos antepassados, que nos transmitiram esta doutrina.

✦

Aquele por quem a palavra é expressão e que nenhuma palavra pode exprimir, sabes que esse é Brama (Deus-criador) e não essas vãs imagens que o homem adora."

E, pela beleza e profundidade dos pensamentos, que há cerca de sete mil anos já falava da necessidade da *reforma íntima* e da *reencarnação*:

"A *Metapsíquica*,
segundo o sábio Manu

Colocados nos degraus inferiores da vida, por sua conduta nas existências anteriores, todos esses seres providos de formas variadas possuem uma consciência rudimentar e experimentam a sensação do prazer e das penas.

✦

Foi assim que Brama estabeleceu, do vegetal ao homem e do homem à essência primordial, a série das transmigrações. Este mundo perecível se renova e se transforma incessantemente para a destruição.

✦

Depois de haver criado o homem e dar a esse o código de leis, para a direção dos animados, o Senhor Soberano que está manifestado no "ovo de ouro" tornará a se absorver na alma universal, quando o fim das transformações criadoras for chegado.

✦

Desde que o Criador sabe de seu repouso, o universo recomeça sua evolução; desde que Ele readormece o universo tomba na dissolução.

✦

Tanto que dura esse sono do germe dos germes, que se absorvem na alma suprema os princípios da sensação e da inteligência; as partículas materiais e as que compõem o imaterial se desligam e se dissolvem na essência universal.

✦

Todos os seres perdem sua força e atração, sua forma, suas funções, e os órgãos dos sentidos são como se não existissem.

✦

Quando o Criador Soberano de novo se manifesta, todos os tipos, todas as formas que existem de toda a eternidade retornam à forma visível, e a causa universal de novo se derrama por toda a vida universal.

✦

Assim se absorvendo em sua pura essência e se manifestando alternativamente, o Soberano Senhor revela a vida ou torna a lançar no repouso da dissolução todos os seres animados e inanimados deste universo.

✦

É ele que, desde o começo das coisas, tem revelado de sua sabedoria esse código imortal de leis e ele me ensina para que eu instrua os ricos e os santos personagens.

✦

Quando o tempo da dissolução chegar a seu termo, então o senhor, que não está ao alcance dos sentidos externos, existindo por si mesmo, tornará perceptível este mundo, com os cinco elementos e os outros princípios, resplandecendo da luz mais pura e desenvolvendo a natureza.

✦

Aquele que possui uma autoridade soberana sobre seu espírito, suas palavras e seu corpo, pode receber o nome de Tridandi, isto é, o que possui a tríplice vontade.

✦

Aquele que manifesta essa tríplice vontade, em todas as circunstâncias, que é o senhor de suas ações e que reprime o desejo e a cólera, obtém, por esse meio, a felicidade celeste e eterna.

✦

O motor desse corpo é chamado 'kchetradjna' (alma, princípio da vida), e o corpo que realiza funções visíveis e materiais recebe o nome de 'boutatma' (composto de elementos).

✦

Depois de haver recebido o castigo por suas faltas oriundas do abandono ao prazer dos sentidos, a alma, cuja mancha foi apagada, aspira de novo a reunir-se no "sivarga" (céu) à alma suprema.

✦

Os méritos e os deméritos da alma são de novo pesados e examinados e, segundo prevalecem nela a virtude ou o vício, obtém a recompensa ou o novo castigo.

✦

A alma que tem quase sempre praticado a virtude e raramente o vício se volta diretamente para a morada das delícias, nas quais abandona seu invólucro formado pelos cinco elementos mortais.

✦

Mas desde que ela se entregue mais comumente ao mal que ao bem, e a soma das ações culpáveis ultrapasse as boas ações, será submetida às tormentas do inferno.

✦

Da mesma forma, desde que tenha suportado as tormentas do inferno e que estas faltas tenham sido apagadas, a alma retorna a seu invólucro mortal, para vir de novo sobre a terra acabar de se purificar.

✦

O homem deve considerar que essas transmigrações sucessivas da alma, sendo o produto da virtude e do vício, não dependem senão de sua vontade, que assim orienta seu espírito para a virtude e abrevia seu tempo de exílio.

✦

Que saiba que a alma possui a noção do bem e do mal e que, além disso, há nela aspirações que não se podem definir neste mundo que mantêm sua união com as substâncias materiais e perecíveis de que o corpo é formado.

✦

Quando o bem ou o mal chega a dominar inteiramente um ser animado, este ser a um ou a outro assimila; mas aquilo que determina a punição ou a recompensa legítima é a liberdade de escolha do homem entre o bem e o mal (livre-arbítrio).

✦

O bem é a bondade, a ciência e a moderação; o mal é a ignorância, a paixão e os apetites brutos, tudo aquilo que luta no homem e que ele deve dominar a seu gosto.

✦

Quando o ser descobre em si um sentimento honesto, delicado, afetuoso, elevado, calmo e puro como o dia, ele diz: Isto vem do bem.

✦

Mas toda a disposição da alma, que é acompanhada de um desígnio perverso, de ódio, de cólera ou que tende à pura manifestação dos sentidos, deve ser declarada proceder do mal.

✦

Relativamente às sensações da alma, que se entrega àquilo que ela não pode discernir, nem explicar, nem compreender, isso é o desconhecido, o misterioso, que só a Grande Alma conhece. Há faltas que provêm desse desconhecido que torna a alma insaciável.

✦

Eu vou agora vos fazer conhecer os atos bons ou maus que procedem dessas três qualidades: O estudo de *Os Vedas* ou Santa

Escritura, a devoção austera à ciência das coisas sagradas, a pureza, a ação de domar os órgãos dos sentidos, o cumprimento de todos os deveres, a meditação sobre o Ser Supremo são os efeitos do bem.

✦

Não agir senão à espera duma recompensa, render-se ao desânimo, fazer coisas vedadas pela lei e abandonar-se constantemente aos prazeres dos sentidos são efeitos do mal.

✦

A cupidez, a indolência, a irresolução, a maledicência, o ateísmo, o desprezo aos atos prescritos, a inoportunidade e a negligência procedem do mal.

✦

Quando se deseja ardentemente conhecer as "Verdades Sagradas", quando nenhuma vergonha interna acompanha os atos que se deve cumprir, quando, ao contrário, a alma experimenta uma real satisfação, pode a gente dizer que se conduz segundo os princípios do bem.

✦

Toda a ação que nos traz vergonha ao ser cometida ou preparada deve ser considerada pelo homem sábio como má."

Krishnamurti

Mirabelli, levitando.

A Maçonaria e outros contatos

Em 1921, com 27 anos, comandando o destacamento de Amparo, entrou para a Maçonaria, com o objetivo de conhecer suas atividades tradicionais, deixando de freqüentá-la alguns anos depois, no grau de mestre.

Ao retornar à Capital, organizou e foi nomeado diretor da Biblioteca da Força Pública, sendo ao mesmo tempo designado professor das cadeiras de História, Geografia e Geometria da Escola de Oficiais.

Já nessa época, conhecendo bem o Espiritismo, manteve contatos pessoais com líderes esoteristas, ocultistas e espíritas de então; entre outros, com Krishnamurti, Krum Heler, Jenerajadasa, Raul Silva (sobrinho de Batuíra), e o famoso médium Mirabelli, com destaque nos trabalhos de efeitos físicos, bastante em evidência naqueles dias.

Em 1922, foi um dos líderes, no estado de São Paulo, da

Revolução que malogrou no país e que culminou com a rendição dos 18 do Forte de Copacabana, no Rio de Janeiro.

Em 1923, matriculou-se na Escola de Farmácia e Odontologia de São Paulo, diplomando-se em Odontologia em 1926, com 32 anos de idade.

Como Primeiro-Tenente, na Revolução de 1924, foi ferido levemente quando participava da defesa do Palácio dos Campos Elíseos, na Capital. Em seguida, foi designado para integrar o Batalhão da Força Pública de S. Paulo que, juntamente com tropas do Exército, seguiu para o Estado do Paraná em perseguição à ¨Coluna Prestes¨. Permaneceu como Oficial de Ligação do Batalhão paulista junto ao comando das operações que era liderado pelo General Rondon. Foi mantido nessas funções até junho de 1925, quando foi recolhido doente a S. Paulo.

"*As Três Verdades*

1ª) A alma humana é imortal e o seu futuro é o futuro de algo cujo crescimento e esplendor não têm limites.

2ª) O princípio que dá vida, reside em nós e fora de nós é imortal e eternamente beneficente; não se pode ouvi-lo nem vê-lo, nem senti-lo, mas, quem deseja percepção, percebe-o.

3ª) Cada ente humano é seu absoluto legislador, o dispensador de glória ou de obscuridade a si mesmo, o determinador de sua vida, sua recompensa, sua punição.

Estas três verdades, que são tão grandes como a vida mesma, são tão simples como a mais simples mentalidade humana.

Alimenta com elas os que têm sede e os que têm fome."

O texto seguinte foi encontrado escrito à tinta e tendo sempre uma observação correspondente feita por ele e escrita a lápis e, que aqui indico em negrito, para sua diferenciação.

Existe também neste texto uma observação de sua autoria, esclarecendo que as afirmações abaixo enumeradas encontravam-se escritas nas paredes da "Câmara de Estudo", sem, no entanto, ter dado qualquer indicação a que "Câmara de Estudo" se refere, ou mesmo onde se encontrava ela localizada.

"*Os 30 Axiomas da Sabedoria.*
As sete leis absolutas.

1º – Mata a ambição.
De bens materiais.
2º – Mata o desejo de viver.
Encara a vida como provação.
3º – Mata o desejo do bem-estar.
Que sensualiza e materializa o corpo.
4º – Mata todo sentimento de separatividade.
Unidade humana dentro do absoluto.
5º – Mata o desejo de sensação.
Sensações materiais.
6º – Mata a sede de crescimento.
Obedece o Carma que já fizeste.
7º – Deseja unicamente o que está em ti.
A chama à individualidade.
8º – Deseja unicamente o que está fora do teu alcance.
Alcance direto dos sentidos externos.
9º – Deseja unicamente o que é inatingível.
O espírito.
10º – Deseja ardentemente o poder.
Poder espiritual sobre a Maya.*
11º – Deseja fervorosamente a paz.
Paz é superior ao entendimento.

12º – Deseja as possessões acima de tudo.
Possessões espirituais.
13º – Procura a senda.
O caminho que leva à realização.
14º – Busca o caminho penetrando no interior.
Buscando o espírito.
15º – Busca o caminho avançando resolutamente ao exterior.
Dominando o irreal.
16º – Mantém-te alheio à batalha que começas; e, ainda que combatas, não sejas tu o guerreiro.
Põe tua alma no torvelinho da luta. Fecha-te e não te mescles com Maya; não.
17º – Procura ao guerreiro e deixa-o combater em ti.
O espírito.
18º – Recebe as suas ordens para a batalha e cumpre-as.
Segue as suas privações.
19º – Escuta o canto da vida.
O real no irreal.
20º – Conserva em tua memória a melodia que ouvires.
Guarda o que aprenderes.
21º – Aprende dela a lição de harmonia.
Identifica-te com o Uno.
22º – Observa atentamente toda a vida que te rodeia.
Tudo é Uno.
23º – Aprende a perscrutar de uma maneira inteligente o coração dos homens.
Cada um é um espelho vivo das vidas passadas, seguindo o Carma.
24º – Considera seriamente o teu próprio coração.
Defeitos e paixões.

25º – Pede à terra, ao ar e à água os segredos que guardam para ti.
Os elementos obedecem ao que conhece a lei.

26º – Pede aos santos da terra os segredos que guardam para ti.
Pede espiritualidade.

27º – Pede ao infinito, ao Uno, ao íntimo, o segredo final que reserva para ti no decorrer das idades.
Realização espiritual.

28º – Aferra-te ao que não tem substância nem existência.
Espírito Real.

29º – Não dês ouvidos senão à voz que é insonora.
Voz do Real.

30º – Não olhes senão o que é invisível, tanto para o sentido interno, como para o externo.
Nos homens e nas coisas, olha sempre o fundo, o Real.

Estes axiomas têm sete significações diferentes e distintas, sobrepostas umas às outras.

Feliz o que ao menos uma das sete compreende.

* Obs.: Os hindus denominam *Maya* a ilusão."

Paralelamente às notas tomadas dos estudos que realizava, como os que acabei de transcrever, encontrei em sua documentação uma série bastante longa de textos seus, sendo o primeiro datado de 1926.

Vejamos alguns deles:

"O progresso na ordem material será o retrocesso na ordem moral?

Os fatos parecem que o demonstram. Na vida universal e pelas leis universais, porém, jamais há retrocesso; pode haver, no máximo, estacionamento no caminho da perfeição, individual ou coletiva.

Dos inventos modernos, alguns há, como o cinema, que enorme influência exerceram e ainda exercem, mais nefasta que benéfica, nas sociedades humanas, trazendo uma relaxação de costumes, uma dissolução geral da moralidade.

Em poucos anos a sociedade se transformou visivelmente, destruindo o pudor e o recato nas mulheres, desenvolvendo e dando direitos a uma série enorme de vícios nos homens, vícios que, por serem uma resultante da contingência humana, existiram sempre, mas nem sempre campearam, com tamanho desassombro, como agora.

O cinema dirigiu-se de preferência e de preferência agitou as paixões humanas condenáveis e muito por alto focaliza suas virtudes latentes; estas por isso mesmo se retraem numa quase extemporaneidade, a ponto de o homem virtuoso hoje em dia ser quase considerado pela maioria um retardatário, um carrança, um refratário à lei do progresso febricitante.

O cinema fala e tem falado mais aos instintos baixos do homem, que, em verdade, é o que mais lhe apraz, que à sua alma, elemento eterno e imperecível, único sobrevivente e permanecente, único que encerra potencialmente todas as perfeições morais.

Carrega, assim, este belo invento uma responsabilidade tremenda na história moral do homem moderno.

Dia virá, porém, em que mais perfeito e manejado por mãos mais limpas e por cérebros mais espiritualizados venha a cumprir sua missão de auxiliar poderoso de progresso na senda do bem.

Outros fatores inúmeros, como a ânsia do gozo nos seus requintes apurados de volúpia e sensualidade; a ambição desmedida que a formidável concorrência vital mais acirra e mais amplia; o rigor formidável do trabalho nas ciclópicas cidades modernas, onde a vida é mais difícil e dolorosa e mais curta; os esplendores da civilização que fascinam e por isso atraem fortemente as almas fracas, solicitando-as para suas delícias traiçoeiras; a falta de fé, sobretudo, fruto maldito do materialismo vão, que não dá consolo nem esperança e a imperfeição de todas as doutrinas religiosas que não satisfazem a alma humana, tudo enfim concorre como resultado que é da própria civilização, do próprio progresso realizado pelo homem atual, no plano material como no intelectual, tudo concorre, repito, para esta degradação social, para esta corrupção moral, à qual não se pode dar, por hora, limite previsível.

Nos povos antigos, a dissolução dos costumes enfraquecendo a moral foi sempre o prenúncio da decadência e do aniquilamento.

Os hebreus, corruptos e hipócritas em seu termo histórico final, desapareceram como nação e nunca mais puderam se congregar.

Os gregos, cultores perfeitos da arte, na harmonia dos dons, das formas, das cores e das idéias, justiça aberta aos rudes espartanos, deixaram-se escravizar comodamente pelos romanos fortes e práticos. Estes, por sua vez, não souberam se defender do perigo grego no que ele tinha de delicioso, por ser o requinte do luxo, da sensualidade, da volúpia, da perfeição no gozo material, perfeição agradável mas dissolvente de energias morais, e assim também caíram no aniquilamento.

As hostes guerreiras dos bárbaros históricos também não se dissolveram ao contato das mornas volúpias civilizadas do ocidente conquistado?

Os povos, mesmo na Idade Média, caminhavam para o mesmo fim, quando os exploradores da Renascença vieram dar-lhes novo rumo às atividades.

O homem moderno, com tão vivos exemplos históricos e dispondo de outra mentalidade, nem por isso evolui de forma melhor no terreno moral e isso justamente porque vive ainda muito pouco no plano espiritual, que apenas se esboça nos horizontes de sua vida.

No pleno domínio da inteligência, ele serve-se dela para seu conforto e para dar mais ampla satisfação às suas paixões, quando avisado seria se a orientasse para a espiritualidade e para o bem geral de seus semelhantes. Isso representaria um grande passo para a perfeição.

Isto tudo, porém, representa uma contingência natural. A civilização é um progresso incompleto, e o homem não pode passar rapidamente da infância à idade madura.

A civilização pode parecer, como parece, um mal e só o deixará de ser quando a moral for tão desenvolvida como o intelecto. Isto tem que vir, lentamente, com a própria experiência e com as próprias conseqüências ruinosas da situação atual.

O fruto não pode vir antes da flor e a flor somente se abrirá a seu tempo, em silêncio, "dentro do silêncio que precede a tormenta" e não antes.

A civilização atual é por isso muito relativa.

O homem se julga civilizado porque penetrou nos segredos de uma ou outra das leis da natureza e as aplica na sua vida prática, como acontece com a eletricidade.

Julga ser civilizado porque se aloja melhor que o troglodita e melhor se veste que os povos selvagens; porque, em todos os ramos da ciência, acessíveis ao seu cérebro atual, faz descobertas importantes; porque pela observação do aspecto de uma camada geológica se constrói e limita no tempo a idade do mundo; porque com o auxílio de lentes poderosas aumenta o campo da sua visão natural, levando-o a regiões longínquas do éter cósmico, onde surpreende os astros no seu giro luminoso, e onde, pelo jogo maravilhoso dos números, estabelece sua marcha dentro de órbitas infinitas; porque, em sentido contrário, invadindo o campo do microcosmo surpreende a vida miraculosa do "infinitamente pequeno" e com essa descoberta afasta de seu corpo vulnerabilíssimo um grande número de males, dando assim, e inegavelmente, um grande passo no caminho da higiene; porque inventou a tele e a radiotelefonia, enviando seus pensamentos pelos ares, pelos mesmos ares que ele próprio logo depois sulca em aparelhos rumorosos, estáveis, velozes; por tudo isso! Mas ele, o homem, só terá direito a dizer-se civilizado quando banir das sociedades os vícios que a desonram, quando dominar suas paixões mesquinhas e quando elevar-se na escala moral em limites que bastem para evitar os ódios que geram as destruições recíprocas, estabelecendo assim a fraternidade nesta pobre terra tão vincada de males. Até lá será o homem unicamente o ser que veio do instinto, que vive do intelecto, mas desconhece ainda a vida do Espírito."

Diploma na Maçonaria pela elevação ao grau de Mestre.

Filhos de Edgard Armond e respectivos (as) esposos (as).

Outros textos selecionados

Outros textos de sua autoria, datados de dezembro de 1929, foram deixados como um legado para seus descendentes, e quase se perderam no emaranhado do tempo e de seus papéis. É uma série de conselhos, que ainda poderemos transferir para nossos filhos.

"*A meus filhos.*

Procura ilustrar-te o mais que puderes, mas não baralhes as causas e fazes delas um uso criterioso. Há a distinguir o que ilustra o homem como homem do mundo e o que o ilustra como homem do universo, isto é, como alma que evolui.

Aprende matemática, direito, história, etc.; isto te servirá para viveres no mundo e ganhares o pão que alimenta o corpo e o intelecto; mas aprende, também, aquilo que eleva, que fortalece e que purifica a alma.

O que aprenderes para o intelecto, quando te fores, talvez não o leves contigo, mas o que aprenderes para a alma, isso se incorporará a ti mesmo, isso irá contigo por toda vida, dentro dos ciclos evolutivos que são infinitos."

"Procura conhecer a verdade. Tudo está nela contido e tudo a contém. A verdade é integral, não pode ser aumentada ou diminuída. Quando se a alcançou, tudo foi alcançado ao mesmo tempo.

Ela é também eterna e infinita. Tire-se tudo a ela e ela permanecerá; acrescente-se-lhe tudo e ela continuará a ser a mesma que já era.

Como o sol contém toda a luz, assim a verdade contém toda a sabedoria.

Ela está além das coisas e dos seres; além do começo e do fim; além da involução e da evolução.

Ela deve ser procurada em todas as partes, em todas as coisas e em todos os seres, porque em toda parte será encontrada.

A verdade é Deus."

"Fuja de acreditar que há no mundo somente uma religião verdadeira.

A verdade é uma só e todas as religiões têm a convicção de que a incorporam em seus respectivos dogmas ou princípios.

Não há religião melhor nem pior. Umas mais adiantadas, outras mais atrasadas, todas serviram nas épocas em que floresceram, todas cooperaram para a evolução dos homens sobre a Terra.

Só se pode dizer que uma religião é má quando ela não tem por objeto Deus, ou quando não realiza o bem.

Esse Deus tanto pode ser chamado Jeová, como Alá, como

Brama, como Tupã, é sempre Deus e, por isso, é sempre boa a religião, porque o que se quer é que haja a idéia religiosa, isto é, a idéia de unir em pensamento, em mente, a criatura com o criador.

Respeitem-se, portanto, todos os credos, reverenciem-se todas as seitas, entrem-se em todas as igrejas como na casa de Deus uno, universal, sem cor especial, sem forma especial, sem predileções.

Assim procede o verdadeiro religioso, o verdadeiro crente, o homem espiritualizado."

"Porque foste educado na crença romana, não imagine que essa é a melhor ou a mais perfeita. Lembra-te que o budista, que foi educado na religião de seus pais, também assegurará convictamente que a dele é que é a mais perfeita. Assim farão também o brâmane, o maometano, o xintoísta, o confucionista, o sufista, o sankyista, o judeu, o protestante e todos os teus irmãos que professam credos diversos. Então somente tu é que tens razão?

Não creias em afirmações que te fazem os teus maiores, que às vezes são ignorantes ou apaixonados fanáticos, nem creias nas que te fazem os sacerdotes da religião que te interessa, porque eles também têm interesse profundo em que sejas seu adepto e não o sejas de outra religião, para que a deles não se extinga.

Respeita, portanto, todos os credos, mas não te deixe fanatizar por nenhum. Assim terás sempre tua mente livre para procurar a verdade onde ela estiver mais ao teu alcance e não ficará, a meio do caminho, envolto em trevas e amarrado de pés e mãos ao poste da ignorância e do preconceito."

"Não se negue, porém, que a religião cristã seja uma das mais adiantadas. É preciso, no entanto, distinguir religião cristã do cristianismo oficializado, que os sacerdotes que se dizem cristãos pregam e pontificam. Eles dizem de sua igreja: 'Santa Madre Igreja Católica, Apostólica, Romana'.

Ora, isso hoje não é mais verdade. Analisemos o assunto.

Católico quer dizer 'universal' e deram esse título nos tempos antigos, porque nessa época o mundo era Roma, era conquista romana, por isso presumiam-se universais.

Apostólica, porque eram ensinos transmitidos ao mundo pelos apóstolos, companheiros do Cristo, e os sacerdotes desse culto, até hoje, se julgam apóstolos.

Romana, finalmente, porque foi criada em Roma.

É esse último o único título que, com justiça, merece essa seita dos padres de Roma.

Não é mais universal, pois existem no mundo muitas outras religiões que abrangem regiões mais vastas, com populações religiosas mais numerosas.

Não é mais apostólica, porque não se podem considerar apóstolos de Cristo sacerdotes que muito se afastam dos ensinos primitivos do Mestre.

Resta unicamente o título de romana, porque ainda é Roma o centro administrativo do culto como foi de origem.

As práticas religiosas da religião oficializada também muito se afastaram do primitivo Cristianismo que era essencial, introspectivo; o romano é exteriorizado, mundano; o primeiro era modesto, humilde, fraterno; o romano é suntuário, dogmático, exclusivista.

Essa diferença começou com a divergência surgida no Concílio de Nicéia, em 325, em que Ário defendeu a prática pura e simples do culto primitivo, sendo vencido pela corrente mais numerosa que pleiteou o culto, vamos dizer, exterior, mundano, pomposo, visando o esplendor e o poder da Igreja e não a simples evangelização das almas.

Cristo, porém, não pelo modo por que o representam seus sacerdotes, mas pela pureza e elevação de seus ensinos, impera cada vez mais no espírito do homem, porque pregou a verdade e à verdade nada se pode acrescentar ou subtrair. Todo o verdadeiro espiritualista deve ser cristão e seguir os ensinos do grande Mestre."

"É preciso ser tolerante o mais que se puder. Nós não somos juízes porque somos todos réus. Às vezes, somos chamados a julgar. Então, é preciso meditar bem e despachar, tendo em vista não levar o mal a qualquer das partes."

Às vezes é preciso punir. Isto é menos grave, porque, nesse caso, somos mais um instrumento que uma causa.

Punir com a idéia de ensinar, corrigir, não de castigar ou vingar-se.

É preciso ser tolerante, porque devemos achar natural que todo mundo tenha seus defeitos, suas opiniões erradas, suas crenças quaisquer.

Tudo está bem assim; tudo está certo assim. Se tivesse de ser de outra forma, não seria assim como é e, se é assim, é porque assim é melhor que seja.

Todos estão aprendendo, e, para aprender, é preciso errar muito, enganar-se muito.

Nós também erramos muito no passado; estamos errando agora, erraremos ainda muito no futuro até que possamos encarar a vida de frente.

Se, por esses nossos erros, a humanidade toda nos hostilizasse, perseguisse, castigasse, que seria feito de nós? Como poderíamos continuar aprendendo aqui na Terra?

Deus, que conhece os nossos erros, não nos poderia fulminar? E, no entanto, não vivemos?

É preciso sermos indulgentes. O erro não é um mal, porque o mal absoluto não existe; é inexperiência, ignorância, é imperfeição de uma alma jovem. Sejamos pois tolerantes para que se cumpra o conselho do Cristo, de não fazer aos outros o que não se quer que façam a nós."

"É preciso aprender todos os dias.

Aprende-se lendo os mestres que vieram antes de nós e agora estão muito à nossa frente, muito mais perto da luz, e que deixaram para nós, que viemos depois, esses legados preciosos contidos nas tradições religiosas.

Aprende-se meditando sobre as verdades assimiladas e discutindo-as com outras inteligências individuais, iguais ou superiores à nossa.

Aprende-se sobretudo errando, sofrendo, revivendo.

O tempo não deve ser levado em conta. É aprender, aprender. O conhecimento vai sendo incorporado, transformando o ser, dando-lhe grandeza, superioridade, segurança, convicção, sabedoria.

Eu que escrevo esta verdade hoje não sou o mesmo que a incorporou há dez anos atrás.

O nosso destino é a expansão na luz divina; a sabedoria só pode acelerar a nossa rota."

Grupo de militares abrindo a Estrada dos Tamoios, 1931.

Construindo estradas...

A década de 30 começou com o Movimento Revolucionário da Aliança Liberal (Revolução de 30). Armond, com 36 anos, serviu no Estado-Maior, como capitão. Após a Revolução, retornou ao Magistério Militar como professor de administração e legislação militar, da Escola de Formação de Oficiais e do Curso de Aperfeiçoamento de Oficiais.

Em 1931 teve publicado pela Tipografia da Força Pública o livro de sua autoria *Lições de Topografia Ligeira*.

Nesse mesmo ano de 1931 realizou estudos e apresentou projeto de construção de uma estrada de rodagem, ligando a cidade de Paraibuna, no Vale do Paraíba, a São Sebastião, no litoral norte do estado de São Paulo. Este projeto visava ligar esse trecho do litoral ao planalto e à malha rodoviária existente, até o sul de Minas, pois o mesmo encontrava-se totalmente isolado, abandonado e quase deserto, somente mantendo ligação com Paraibuna, através de uma trilha de tropeiros que descia a serra, ou por mar, até Santos.

Após muitos tropeços, devido à falta de recursos e por não se tratar de serviço próprio da Corporação, conseguiu, assim mesmo, autorização para iniciar as obras, utilizando quinze soldados, que estavam prestes a ser desincorporados, mas, no entanto, sem contar com recursos materiais.

Em 12 abril de 1932, com 38 anos, iniciou no topo da serra de Caraguatatuba a abertura da necessária rodovia, seguindo seu próprio temperamento e começando pelo trecho mais difícil.

Com seus quinze soldados ali trabalhou embrenhado na Mata Atlântica, até que irrompeu a Revolução Constitucionalista de 1932.

Foi então designado para assumir o comando da região do litoral, de Ubatuba a Santos, mantendo observação sobre o movimento da Esquadra Nacional. Para isso organizou tropas em Paraibuna e Caraguatatuba, as mesmas que, a seguir, se deslocaram sob seu comando para o sudoeste do estado, municípios de Itaí, Taquari e Avaré. Cessadas as hostilidades, no período de transição que se seguiu foi nomeado Chefe de Polícia do Estado e, em seguida, foi convidado para compor a Casa Militar do Governador Militar do Estado, General Waldomiro Lima.

Sessenta dias depois, pediu demissão, solicitando autorização para dar continuidade à obra de construção da estrada que idealizara, obra que estava apenas iniciada.

Foi então designado para comandar um Batalhão de Sapadores, especialmente criado para isso. Havia conseguido sensibilizar o governo de então para que lhe desse os meios de realizar a tarefa a que se propusera, conseguindo entregar ao Departamento de Estradas de Rodagem do Estado, já em operação, o trecho Paraibuna a Caraguatatuba, incluindo a serra, em agosto de 1934. Em seqüência, o DER — Departamento de Estradas de Rodagem — completou o trecho Caraguatatuba a São Sebastião.

Essa obra, realizada apesar de todas as dificuldades e falta de meios materiais, obrigando a transferência com todos os sacrifícios de sua residência e da família para Caraguatatuba, mesmo assim deu a ele a satisfação de poder propiciar o desenvolvimento daquela região, até então quase inacessível, beneficiando certamente a população sofrida dos municípios de Paraibuna, Natividade da Serra, Salesópolis, Ubatuba, Caraguatatuba, São Sebastião e Ilhabela, que não tendo, por exemplo, condições mínimas de atendimento médico-hospitalar na região, não dispunha também de meios e condições de transporte para outro local.

Em reconhecimento ao trabalho realizado, a municipalidade de São Sebastião deu seu nome a uma das ruas da cidade. Em Caraguatatuba, a primeira rotatória de acesso à cidade tem também seu nome. Pela mesma razão, através de Decreto Estadual de 29 de setembro de 1993, o 20° Batalhão da Polícia Militar do Interior, com sede em São Sebastião, passou a adotar seu nome como patrono. A Loja Maçônica do Bairro da Lapa, na Capital do Estado, adotou também seu nome como patrono.

Regressando a São Paulo, em 1934, assumiu a função de sub-comandante da Escola de Oficiais. Algum tempo depois, organizou a Inspetoria Administrativa da Força Pública e, por conveniência da Organização, prestou concurso para o novo quadro de Administração, sendo designado como Tenente-Coronel para a chefia do Serviço de Intendência e Transporte, onde permaneceu até 1938.

Festa de Natal no canteiro de obras do Batalhão de Sapadores em Caraguatatuba - 1933.

Março 1997 O ANCORADOURO

Abrindo Caminhos

Foto: Ten Rosmaninho

Casa de Câmara e Cadeia: 20º Batalhão de Polícia Militar Edgard Armond

Edgard Armond: o homem que colocou o Litoral Norte no mapa

Quem vê, hoje em dia, o Litoral Norte tão integrado à vida do continente, com um número considerável de habitantes e um enorme potencial turístico, às vezes nem imagina o isolamento em que esta bela região estava mergulhada até o começo da década de 30. A imponente e exuberante Serra do Mar significava uma tremenda barreira à vinda do progresso e à fixação de pessoas à beira-mar.

Se este estado de coisas mudou, foi por iniciativa da personalidade inteligente e arrojada do Coronel Edgard Pereira Armond, responsável pela construção da estrada que ligou a cidade de Paraibuna, no Vale do Paraíba, a São Sebastião, libertando de uma vez por todas o litoral norte do seu esquecimento.

A abertura da estrada

Em 1931, o Coronel Armond começou a fazer estudos e apresentou seu projeto para a construção da estrada. Sabia que um empreendimento era fundamental para o desenvolvimento da região. Em abril daquele mesmo ano, as obras foram iniciadas a partir do Alto da Serra de Caraguatatuba, contando com um fato curioso. Devido à falta de verbas, optou-se por utilizar nos trabalhos os pracinhas que estivessem prestes a ser desincorporados. O Coronel Armond dirigiu a construção pessoalmente.

Interrompidas pela Revolução Constitucionalista de 32, na qual o Coronel Armond comandou as tropas do Litoral Norte, as obras foram reiniciadas no mesmo ano. Até que, em 1934, a construção, já em fase adiantada, foi passada para as mãos do DER, órgão competente do governo. Naquele momento, o empreendimento de Armond, realizado à custa de muita dificuldade e sacrifício, já estava dando os primeiros frutos: veículos carroçáveis já podiam transitar de Paraibuna a Caraguatatuba. Assim, é justo afirmar que cidades como Natividade da Serra, Salesópolis, Ubatuba, São Sebastião e Ilhabela devem uma parte de seu progresso ao dinâmico militar.

Um homem versátil

Descendentes de fidalgos franceses instalados no Brasil em princípios do século 18, o coronel Armond nasceu em Guaratinguetá, a 14 de junho de 1894, onde fez os cursos primário e secundário. Em 1914, início da Primeira Grande Guerra, alistou-se na Força Pública do Estado e, dois anos depois, entrou para a Escola de Oficiais. Depois de casar-se com Nancy de Menezes (1918), e de comandar destacamentos em Santos, São João da Boa Vista e Amparo, fixou-se em São Paulo. Ali, organizou e foi nomeado diretor da Biblioteca da Força Pública, onde também lecionou História, Geografia e Geometria.

Em 1926, diplomou-se na Escola de Farmácia e Odontologia do Estado e serviu como capitão no Estado Maior do Exército, durante a revolução de 30. Em 1934, assumiu o sub-comando da Escola de Oficiais, organizou a Inspetoria Administrativa da Força, e classificou-se como tenente-coronel na chefia do Serviço de Intendência e Transporte, cargo que ocupou até 1939. No ano anterior, havia sofrido um grave acidente, que acabou provocando seu afastamento do serviço militar, em 1940. Nesse ano instalou-se definitivamente na cidade de São Sebastião, à qual muito se apegou. Faleceu em 1982, sendo lembrado em 1993, quando seu nome foi dado ao 20º Batalhão de Polícia Militar do Interior.

Fac-símile da matéria sob o título "O homem que colocou o Litoral Norte no mapa", O Ancoradouro, São Sebastião, março de 1997.

Pça. João Mendes, início do século. Passagem do bonde.

Dos primeiros contatos com o Espiritismo ao chamado espiritual

Em 1936, convidado por Canuto Abreu para integrar um grupo que se reunia em sua casa, passou a participar de trabalhos de estudos e práticas espíritas. Faziam parte desse grupo, entre outros, o Dr. C. G. S. Shalders e Antônio Carlos Cardoso, ambos diretores da Escola Politécnica. Nessa oportunidade, trabalhou também com o médium de incorporação Ramalho, e uma vez com Linda Gazera, célebre médium de efeitos físicos, que na Europa participou de trabalhos com Charles Richet e outros importantes estudiosos do assunto.

Em abril de 1938, com 44 anos, passando pela Praça João Mendes, foi abordado por um senhor negro, pedreiro, que já havia tempos antes prestado alguns serviços em sua residência e que se apresentou dizendo ser freqüentador de um Centro Espírita na Vila Mariana e que recebera a incumbência de procurar o Comandante e transmitir-lhe o recado, segundo o qual, em junho do mesmo ano sofreria um sério acidente.

Este encontro foi considerado bastante estranho, tendo em vista os detalhes do ocorrido; uma pessoa simples, que há muito não via, que não tinha liberdade para interpelá-lo, muito menos em uma via pública; exatamente meu pai, uma pessoa introvertida como ele, que era conhecida pelo tratamento cerimonioso e que, na época, normalmente transitava fardado, pois esse era o costume, o que ainda mais tolhia o acesso.

Mas o fato aconteceu e, apesar dele ter afirmado não ter dado importância ao aviso, sofreu nesse meio tempo dois pequenos acidentes de trânsito sem maiores conseqüências.

No entanto, no dia 28 de junho do mesmo ano, atendendo minha insistência para que ele mesmo conduzisse o veículo oficial, ao cruzarmos o Parque D. Pedro II, nosso carro colidiu com um caminhão-tanque, de transporte de água, pertencente à Prefeitura. Como conseqüência, além de vários ferimentos de menor importância, meu pai fraturou gravemente os dois joelhos e eu, com três anos e meio de idade, rompendo o pára-brisa com a cabeça, tive o pescoço cortado pelo vidro em toda a extensão da parte anterior. O soldado motorista, sentado no banco traseiro, nada sofreu.

Fomos hospitalizados e no dia seguinte, estando ainda meu pai em estado de choque, foi ele procurado pelo motorista do caminhão, que pedia sua ajuda para que não perdesse o emprego e sua carteira de habilitação. Após tê-lo atendido, recebeu ele outra visita; desta vez, tratava-se da mesma pessoa simples, o mesmo pedreiro que o interpelara meses antes na Praça João Mendes e que vinha informá-lo do seguinte: tudo o que aconteceu era para que ele pudesse, a partir de sua recuperação, trabalhar para o Espiritismo.

Não obstante ter sofrido várias cirurgias, durante mais de seis meses ficou praticamente sem poder andar. Apesar do intenso tratamento, dentro das limitações do conhecimento médico da época, conseguia, no máximo, dar alguns passos utilizando-se de muletas e, mesmo assim, com grandes dificuldades.

Decidiu então requerer reforma (aposentadoria), apesar de não contar com o tempo de serviço necessário; foi-lhe concedido um ano de afastamento, por licença médica, visando verificar a evolução de sua recuperação e, após um ano, já no início de 1940, com 46 anos de idade, foi considerado inválido e portanto incapaz para o serviço militar, sendo reformado.

Em sua vida militar recebeu várias condecorações, inclusive o título de Cavalheiro Oficial da Coroa da Itália.

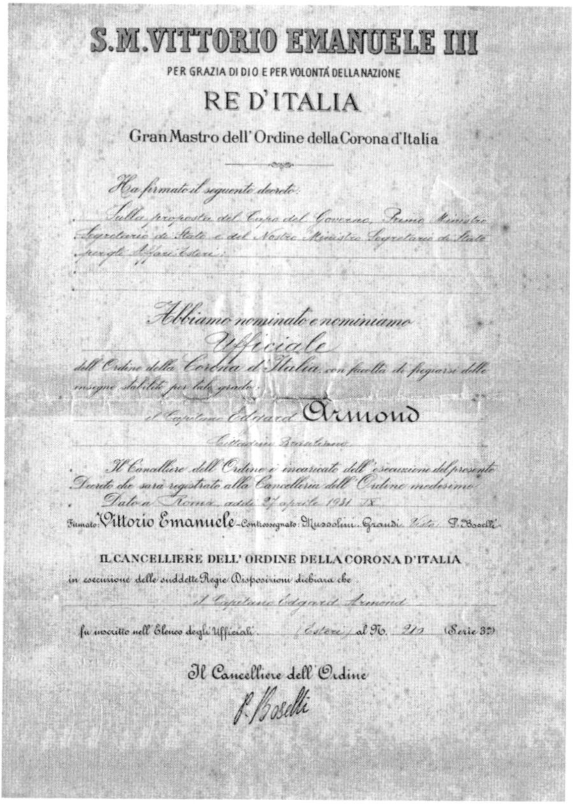

S.M. VITTORIO EMANUELE III

PER GRAZIA DI DIO E PER VOLONTÀ DELLA NAZIONE

RE D'ITALIA

Gran Mastro dell'Ordine della Corona d'Italia

Ha firmato il seguente decreto:

Sulla proposta del Capo del Governo, Primo Ministro Segretario di Stato e del Nostro Ministro Segretario di Stato per gli Affari Esteri;

Abbiamo nominato e nominiamo

Ufficiale

dell'Ordine della Corona d'Italia con facoltà di fregiarsi delle insegne stabilite per tale grado

il Capitano Edgard Armond

Cittadino Brasiliano

Il Cancelliere dell'Ordine è incaricato dell'esecuzione del presente Decreto che sarà registrato alla Cancelleria dell'Ordine medesimo.

Dato a Roma addì 27 aprile 1931 IX

Firmato: Vittorio Emanuele - Controssegnato: Mussolini. Grandi. Visto: P. Boselli

IL CANCELLIERE DELL' ORDINE DELLA CORONA D'ITALIA

in esecuzione delle suddette Regie Disposizioni dichiara che

il Capitano Edgard Armond

fu inscritto nell'Elenco degli Ufficiali (Esteri) al N. 210 (Serie 3ª)

Il Cancelliere dell'Ordine

P. Boselli

Condecoração da Coroa Italiana a Edgard Armond.

Segunda Parte

Chico Xavier, Semana Metapsíquica, Teatro Municipal, SP, 1937.

Semeando para o futuro...

Durante o período de convalescença, já tendo lido grande parte da literatura espírita, estava sendo levado a participar de trabalhos de cooperação espírita, auxiliando na redação de palestras e conferências, quando procurado em sua residência ou na recém-fundada Federação Espírita do Estado ou, ainda, em outros Centros Espíritas.

Certa vez, em 1939, com 45 anos, assistiu parte das solenidades de comemoração a Kardec, no auditório da Associação das Classes Laboriosas, na rua do Carmo, onde viu e ouviu alguns líderes espíritas da época, como João Batista Pereira, Lameira de Andrade, Américo Montagnini e o então iniciante médium Francisco Cândido Xavier.

Nessa reunião, recebeu um livreto que estava sendo distribuído pela Federação Espírita, intitulado *Palavras do Infinito*, do Espírito Humberto de Campos, contendo mensagens diversas de entidades desencarnadas. Esse opúsculo, foi o responsável por aumentar, de muito, o seu interesse pela Doutrina.

Nesse período, em face da dificuldade de locomoção, teve bastante tempo para produzir textos de todos os tipos. Entre eles, escreveu uma série de contos de fundo espiritualista, que foram reunidos em seu primeiro livro.

O livro intitulado *Contos* teve sua primeira edição lançada em 1939. Em 1940, foi editado *Pensamentos em Prosa e Verso.*

Nesse período escreveu também sobre assuntos sem qualquer vínculo com a Doutrina. Encontrei textos como:

"A *Opinião Pública*

Opinião Pública é aquilo que nós pensamos que os outros pensam ou aquilo que nós pensamos que os outros pensam que nós pensamos.

Quando pensamos que pensamos como os outros, pensamos que eles pensam como pensamos.

Quando encontramos alguns que não pensam como pensamos, então pensamos que isso não é opinião pública ou pensamos que aquilo que eles pensam é coisa contrária à opinião pública.

A opinião pública é de duas espécies: o que não é – e o que pensamos que é.

Em outros termos: o que nós pensamos ser a opinião pública pode não ser o que nós pensamos que é, mas que ficará sendo, desde que pensemos como os outros pensam."

Este poema também sem data:

"*Em um leque*

Depois de longa ausência
O olhar revive

Ao contemplar, saudoso, o rosto amado.
Nova beleza
Novos encantos.
Creia
Novas prendas
Descobre
Que não vira no passado.

Mais doce é a voz
Mais terno o olhar
Palpita o coração
Dentro do peito.

Inquietas cismas. . .
Noites cruéis
De insônia
Sobre o leito sofridas
Tão monótonas
Tão lentas
Tudo, num instante
A mente esquece
Presa
Dessa emoção
Que os lábios emudece
Vencida
De ventura e de surpresa.

A trêmula saudade
Resigna o coração.
A ausência
O abranda, o ameiga

E a ilusão
Em sonho o leva
Desse engano escravo
Para a região
Florida e mansa
Da esperança."

Outro ainda que encontrei em uma folha rasgada, faltando a parte superior, foi o trecho desta poesia triste, que eu mesmo intitulei.

O Canhão

"Olhai. Dorme o canhão. Sombrio, silencioso.
É um guerreiro em repouso,
Cansado de rugir, cansado de matar...
Quanta morte espalhou...
E quanta vez, pelo ar
Rolando, a sua voz, das fundas agonias,
Das dores mais sombrias
Os salmos entoou...

No fragor da batalha,
Sua voz rude espalha
O terror campo afora;
E ness'hora
Treme, vibra, palpita
Numa ânsia infinita
De matar...
Finda a luta,

Numa calma absoluta
Dorme o canhão...
Somente existe pela terra calcinada,
Uma mortalha gelada
Que envolve os mortos pelo chão..." *

*Os termos e o sentimento contidos neste poema, bem demonstram o choque de contrastes vividos por meu pai, quando militar, durante as diversas campanhas revolucionárias de que participou. A luta interna, bipartida de um lado entre a ação própria de sua atividade, no cumprimento da obrigação e na preservação de seus companheiros e comandados e, de outro, a tendência natura, consciente, de uma mente bastante espiritualizada. Isso certamente foi o que o levou a procurar atividades ligadas ao magistério, ao interesse público e a administração.

A sua mente pródiga, portanto, de bons pensamentos, produzia sempre trabalhos de fundo espiritual, moral e ético, que devem merecer do leitor a análise de seu sentido, o peso de seu conteúdo:

I

"O homem que viveu a vida, isto é, aquele que trabalhou, esforçou-se, lutou, padeceu, quando atingir o termo de sua peregrinação, é como um fruto maduro, muitos segredos foram para ele revelados.

Tem direito ao amor e ao respeito de seus semelhantes.

É um lutador que venceu o adversário com a força de seus braços, com a luz de sua inteligência, com o ânimo de seu coração.

Cabe-lhe agora o repouso.

II

Volvendo para trás os olhos cansados, que enxerga ele?

As ilusões que o iludiram, os esplendores que o cegaram, as harmonias que o deleitaram; a volúpia da carne; o encanto da mocidade; e também a ambição, a inveja, o despeito, a covardia, o desespero.

Enfim, a matéria, a matéria poderosa, que o envolveu em sua trama densa, visando obscurecer-lhe a vista de tal forma que nada mais viu o que havia no exterior.

Muitas vezes foi ele, como uma pena que o vento carregou por onde quis; como uma criança que não sabe onde põe os pés; como um joguete de forças que desconhecia; dos esplendores e das misérias do mundo, ele sorveu o cálice até o fundo.

III

Mas onde estava su'alma enquanto todos estes elementos se desencadeavam à sua volta, ora suaves, harmoniosos, embriagadores, ora violentos, descompostos, amedrontadores?

Onde estava su'alma, então?

Dentro dele mesmo e, dentro de tudo isso, sentindo, analisando, sofrendo, aprendendo.

E enquanto durou a luta, ela foi uma sentinela oculta mas vigilante e atenta aos menores detalhes desse grande embate.

Onde está ela agora?

Dentro dele mesmo, dentro do corpo exausto, porém muito mais tranqüila, como o guerreiro que venceu a batalha e sabe que chegou a hora do suave e desejado repouso.

IV

O homem mortal é escravo da vida. Ela o mantém numa trilha certa; ela o conduz para determinados rumos; ela, a vida, é a trama mesma de seu Destino e a essa trama o homem normal não escapa.

É a trama do Carma, que o próprio homem criou para si, teceu com suas próprias mãos, em suas existências anteriores.

Somente o Iniciado, o super-homem é senhor de seu destino, porque ele tece com suas mãos um Carma que não o escraviza, mas que o liberta, que não obscurece o caminho, mas que o clareia de luz.

V

Se a vontade e a mente humana não interviessem, as leis naturais se processariam pacificamente, soberanamente, sem encontrar resistências, e o homem sentir-se-ia feliz pela ignorância.

Mas quando ele, espírito, toma as rédeas do destino, então entram no mundo das adversidades sofrimentos, desilusões, porque a animalidade luta por mantê-lo preso aos seus laços traiçoeiros.

VI

Foge de julgar teu semelhante. O homem pela sua ignorância é um mau juiz.

Mas, se tiver que julgar, aprecia o ato em suas circunstâncias, causas, e não em suas conseqüências, caso em que o julgamento seria uma vingança.

É vedado ao homem que sabe avançar opiniões próprias sobre os atos de seus semelhantes, servir-se de um fato e não de uma seqüência de fatos.

Por uma seqüência de fatos, ao menos podemos ajuizar do caráter do homem em causa.

Ajuizar por um só ato é ter 90% de probabilidades de cometer um erro.

VII

A infalibilidade é privilégio de Deus.

No plano relativo do mundo, não podemos saber se é justo o que chamamos justo, reto o que julgamos reto.

Só o adepto o sabe.

Nenhum homem, portanto, é digno de julgar outro homem.

Perante Deus, portanto, cada indivíduo é o único juiz e o único árbitro de suas ações."

Com o título *Divagações*, escreveu, Edgard Armond, uma série que poderíamos chamar de artigos ou talvez de editoriais e, que por si sós, falam de sua mente espiritualizada analisando o ser humano no estágio em que se encontra. Nessa série, algumas orações ele as intitulou e outras não. Vejamos:

"*Divagações*

Deus está no céu, na terra, em toda a parte.

Que é Deus?

Uma semente germina porque tem em si um princípio de vida — esse princípio até hoje desconhecido é Deus.

Germina e faz nascer a planta e a planta cresce, lançando ramos, formando as flores, gerando os frutos; tudo isto não é feito inteligentemente, sabiamente, integralmente? Teria porventura a planta, por si própria, o poder e a inteligência necessárias para produzir tão maravilhosos fenômenos, que nem o homem, rei de criação, pela sabedoria consegue realizar? Pois essa força misteriosa que faz a planta brotar, crescer, florir, frutificar, essa vida que sentimos existir dentro da planta, o que é?

Os oceanos se agitam, se encapelam, arfam nas marés, sacudidos sempre pelo vai-e-vem das vagas, influência da atração lunar, das correntes aéreas, das convulsões subterrâneas; que importa que a ciência apresente essas teorias todas, que nada mais são que desculpas de sua ignorância! Por atração, corrente, convulsão, tudo não obedece à mesma força de sempre ou não é ela própria? E essa força não é sempre Deus?

O sábio investiga o corpo humano, retalha seus músculos, observa seus nervos, decompõe seu sangue, desloca suas articulações, separa seus ossos, percebe e estuda o funcionamento de seus órgãos maravilhosos, cura muitos dos seus males, mas há sempre uma causa especial que escapa à sua compreensão, como ao seu bisturi — é a vida do corpo. A ciência falha e a vida cessa; nunca o sábio poderá tocar nesse mistério com os meios que emprega, porque esse mistério é Deus. Deus é a vida.

Há matéria viva aparentemente e matéria morta aparentemente; viva quando Deus está nela de forma visível; morta quando há ausência da Divindade.

Toda matéria viva tem uma fisionomia especial, inconfundível e se percebe facilmente nela a presença dessa coisa invisível que a movimenta. A matéria morta, sem fisionomia, é inexpressiva e uniforme, não tem vida própria nem movimento perceptível, mas tem em si a essência da vida. Deus nela existe, mas imperceptivelmente, de forma imanifesta.

Em tudo aquilo em que o homem puder perceber a vida, palpitante ou misteriosa, observe bem, verifique bem —, ali encontrará Deus.

Deus é a vida.

Nas plantas, no homem, nos animais e em todos os demais seres vivos — Deus é visível. Nos outros corpos, como nos minerais, Deus é invisível, ou melhor, imperceptível, mas existe sempre e se manifesta atraindo, repelindo e transformando elétrons, átomos e moléculas, promovendo as afinidades, as atrações e as repulsões; o movimento, a vida, Deus enfim. A força de coesão que agrega as partículas, dando forma e consistência aos corpos minerais —, é Deus nesse mineral. A força da gravidade que concretiza e dá resistência interna e unidade central aos astros — é Deus dentro desse astro.

A força de gravitação que estabelece a harmonia e a ordem das esferas, traçando suas órbitas, sustendo-as, nos abismos dos espaços, impelindo-as, com o auxílio da atração para o infinito, vendo-as nascer, viver, desagregar-se, guiando-as no turbilhão celeste sem um perigo, sem um desvio, sem um desastre — é Deus no infinito pairando entre as esferas. Por isso é que nos universos tudo vibra, vive e se move constantemente, infinitamente, eternamente.

Deus em tudo existe e tudo está contido nele. Não disse já uma seita que Deus está no Céu, na Terra e em toda a parte? Nem um átomo sequer escapa à sua ação, nem um átomo sequer foge à lei sagrada da existência universal.

Ele é a Lei e nada existe fora da Lei.

Ele é o movimento e tudo se envolve no movimento e vibra e evolui.

Ele é a perfeição e nada pode existir fora dos caminhos da perfeição.

Ele é a vida e, como tudo está contido Nele, nada pode deixar de ter vida."

"*O império da carne*

A carne, a matéria, eis os dois maiores amigos e paradoxalmente os dois maiores inimigos do homem.

São eles precisos para a evolução da alma na Terra, ao mesmo tempo que lhe são impostos a ele, retardam a evolução porque seduzem, atraem, fanatizam o homem de tal maneira que ele os têm — a matéria e a carne — como as únicas realidades do mundo.

Daí a necessidade de serem – carne e matéria – dominadas quando não de todo, o que a seu tempo virá, ao menos de forma a que não fanatize o homem, não o embriague, não o desoriente.

A matéria deve ser amada não só como elemento auxiliar de evolução, mas também como expressão de utilidade, pois tudo é Uno...

A carne é a morada da alma neste mundo da carne... É um amigo vivo, inteligente, sensível... É preciso não viciá-lo para que não se corrompa. É preciso orientá-lo bem, domá-lo, para que não se torne um tirano.

No presente estado evolutivo da raça, o homem ainda vive grandemente submerso nesse mar de sonhos e dores que é a matéria. Tudo se agita em volta dela; tudo nos arrasta para ela, para os gozos que proporciona; para a ilusão que ostenta, profundamente tentadora, para as belezas aparentes, traiçoeiras, irresistíveis...

Ao espírito pouca importância damos; a matéria é tudo.

Todos os seus instintos são satisfeitos por nós, prazerosamente; ela nos domina completamente; vivemos como seus escravos, ignorantes de seus males, submissos ao seu impulso.

Ela é Maya a sedutora...

Ela é o Irreal, o que não é permanente, o que não é a verdade, ela é o fenômeno, o efeito, não a causa, e no entanto a humanidade a tem como a causa mais real do universo.

Todos os nossos atos, pensamentos, desejos, tudo tende a satisfazê-la, quando ela é que devia ser um simples instrumento nosso...

Porque nós somos o espírito — o Senhor — e ela é a matéria criada, a escrava.

Mas ela é uma soberana intransigente, despótica, sangüinária. Ai do homem que a não obedece! Tem de sofrer horrores, lutar contra si, contra todos e contra tudo; passar fome e sede, cansaço e sono, ânsias e desejos, amarguras de toda a sorte. E, no fim, não sabe se vencerá ou será vencido.

Por isso os homens formam em torno dela suas idéias terrenas, submetem-se a ela, glorificam-na e julgam encontrar nela uma felicidade completa.

Quando, de alguma forma, sentem seus efeitos fatais, procuram iludir-se a si próprios, com teorias falsas, egoístas e estéreis... Seus adoradores formam legiões... Mas nenhum consegue permanecer nela, integrar-se nela. Todos sofrem seus efeitos e vão passando... Ela é um elemento de conhecimento... É um alicate que fere, ensangüenta e não perdoa...

Gerações sobre gerações assim se sucedem vacilantes, visionárias, passando sempre pela mesma estrada e sem nunca saber onde pisa, sempre em busca de algo desconhecido e salvador, seguindo contra as dores, impotentes, sangüinárias, pervertidas, como uma legião de desesperados.

Quando o homem, quem quer que ele seja, encontrar-se no deserto de sua consciência sozinho, frente a frente com a luz misteriosa que vem do abismo do Infinito, e quando puder encarar firmemente com esse resplendor, então terá deixado de ser homem, porque será um Anjo."

"*A matéria e a arte*

Até hoje os homens continuam a adorar mais a matéria que o espírito, mais a forma que a idéia, mais o efeito que a causa.

Os escultores antigos como os modernos, em uma *Vênus* de Milo[1], como em uma *Eva* de Brecheret[2], em ambas, a concepção artística, o que prende, enleva, seduz a multidão estática de admiradores, é a matéria, a forma, a plástica, a linha suave dos

[1] Estátua da Antiga Grécia encontrada em Milo, ilha grega, em 1820. (Nota da Editora)

[2] Víctor Brecheret – escultor brasileiro (1894-1955). (Nota da Editora)

contornos, a riqueza sensual dos seios, a curva perfeita do ventre e das espáduas, o aprumo impecável e elegante das pernas e dos braços.

Que tem o Espírito que ver ali?

A maioria adora a matéria pelos gozos físicos que ela proporciona e nunca penetra no mistério de ser a matéria uma expressão de força, de harmonia e de beleza divina.

Honra portanto ao artista que foge da objetividade grosseira da forma para fazer arte espiritualizada, como tentou Rodin, com o seu "Penseur".

É uma inutilidade o esforço, o trabalho do artista moderno a refazer sempre a mesma arte, sem progredir. Eles próprios declaram que a Vênus de Milo é a perfeição e, como não podem ultrapassá-la, vivem a copiá-la. Só pelo prazer de imitar! Se não a ultrapassam, imitar para, por intermédio dela, sentir a beleza, compreender a beleza!

Não são capazes de senti-la, compreendê-la por si mesmos? Ou então não são artistas!

Não seriam esses artistas mais úteis a si mesmos e à própria arte se buscassem novas fontes de inspiração? Se a matéria, em todos os ramos da arte, já deu o melhor de sua perfeição, porque não abandoná-la como tema principal e não tentar fazer arte espiritualizada?

O novo campo é imenso; é um mundo inteiro desconhecido que se desenha ao artista, dando-lhe oportunidades raras e inspirações elevadas, grandiosas e belíssimas. O que seria exigido é um pouco mais de aperfeiçoamento moral da parte dos artistas que o tentassem; um pouco mais de conhecimentos psíquicos.

Pela doutrina espiritualista, as humanidades vieram das trevas, da barbárie, através dos séculos, para as luzes da civilização.

Isto se evidencia primeiro no plano material, agita depois o intelectual e por último vem completar-se no plano espiritual que, aqui na terra como nos universos, representa a perfeição. Nesse ponto acham-se de pleno acordo todas as correntes espirituais, filosóficas, desde a milenária religião védica, até a moderna doutrina espírita, que em nossos dias vem se impondo vitoriosamente aos homens, com o testemunho mesmo da ciência positiva.

No desenvolvimento desta evolução lenta, mas claramente reconhecível na história das sociedades humanas, o fenômeno se explica por si mesmo, com o fundamento da própria natureza humana.

Evolui primeiro o homem no plano material porque, vindo de formas ainda mais rudimentares, é claro que ele se torna mais acessível, primitivamente, às conquistas materiais que resultam de suas próprias necessidades rudimentares; o homem trabalhou primeiro para manter-se e dominar no ambiente hostil dos primeiros dias do mundo. Continuou depois, no alvo de sua consciência de homem, a luta egoísta, sem noção alguma de solidariedade social, para satisfazer o seu bem-estar físico, provendo o conforto que lhe tornaria a vida melhor.

Desenvolvidas suas atividades nesse sentido, as conquistas foram se sobrepondo, solicitando a mente intelectual, que já começava a despertar, abrindo ao homem medieval o ilimitado campo, onde se espraiou rapidamente a extraordinária soma de conquistas da civilização moderna.

Vive pois o homem atual em pleno domínio da mente intelectual, cujos frutos são o conjunto verdadeiramente grandioso das invenções e descobertas científicas modernas, que tornam a vida muito mais suave, deleitosa e confortável.

Acontece porém que suprimidas as distâncias e as dificuldades de comunicações entre os diferentes núcleos da raça humana que habitam o nosso globo, os homens têm estreitado de tal forma os vínculos de suas relações sociais e de seus interesses e necessidades, que não há mais fenômeno local; os homens se influenciam diretamente uns aos outros com rapidez, transmitindo informes, conhecimentos, queixas, pedidos de socorro, auxiliando-se reciprocamente; estabelece-se enfim, desta forma, solidariedade entre os homens, solidariedade que é princípio de amor. Amor que é a lei de evolução universal. Já a raça deu um grande passo porque, anteriormente, os mesmos homens viviam completamente isolados uns dos outros, não se toleravam, não possuíam legislação comum, não eram solidários entre si.

Hoje está formada a comunhão social mais íntima, livre de barreiras e fronteiras; muniram-se de tal forma os homens de elementos de vitória sobre a vida e de poderes sobre alguns elementos naturais, que esse próprio poder vem para eles representar perigo.

Daí surgiu, então, a necessidade de limitarem o emprego de suas forças, de sua soberania; criaram legislação especial de proteção recíproca, formaram alianças de garantia mútua, procurando proteger, enfim, o fraco do mais forte, segundo a lei natural.

Suas próprias explosões de rancor vão sendo por eles mesmos controladas e sujeitas a represálias coletivas.

Cheio de conquistas, altamente civilizado no terreno material, com a ajuda poderosa do intelecto, que gera o raciocínio e a razão, vai o homem agora ingressar nos domínios da mente espiritual, estágio mais alto onde se gera o sentimento puro.

Já há alguns prenúncios deste despertar auspicioso na luz do conhecimento maior há tempos; a filantropia coletiva, a beneficência mútua, o apuro do sentimento, a difusão do conhecimento espiritual, tudo já representa a passagem do período de transição que vai levar o homem ao terreno luminoso do Espírito.

Haverá um tempo em que as leis de bondade que hoje ainda são feitas mais para necessidades sociais tornar-se-ão impulsos espontâneos do coração, porque o sentimento, expressão divina, terá triunfado do baixo egoísmo — o maior estigma do ser material; porque o homem terá então ingressado nos altos planos da manifestação em que se agitam, em labor fecundo, os seres excelsos e luminosos, emissários de Deus na condução das almas e no governo dos mundos.

Mas isso será no novo mundo da Terra regenerada.

A humanidade, essa matilha de lobos, já uiva menos. A maldade foi praticada em tão larga escala que o próprio homem põe-lhe agora um paradeiro."

Neste trabalho, sem título, analisa o ser humano em sua maioria egoísta e materialista, que naqueles ou em nossos tempos é ainda o mesmo.

"Os homens nesta provação sombria e dolorosa, que é a vida, abrem caminho em diferentes direções. Mas, os mais raros se dedicam ao trabalho espiritual, lutam pelo coração, socorrendo, protegendo, consolando seus semelhantes, praticando a caridade.

São simples, desinteressados, superiores, idealistas e têm sempre o coração aberto a todos os males, a todas as dores; são os sábios, os sacerdotes verdadeiros de cultos vários, os felizes que já ouviram, mesmo de leve, a voz misteriosa das Alturas. São pioneiros, indicam o caminho melhor, ensinam as coisas que a maioria ignora e ignoram coisas que sabem por inspiração ou revelação.

Outros lutam fazendo valer o intelecto, penetrando em vigílias contínuas e trabalhosas, no grande acervo de conhecimentos e de sabedoria, prática que as gerações acumularam através dos séculos e que são patrimônio da raça.

Obtido o conhecimento, julgam-se ou fazem-se mediantes leis forjadas por eles mesmos, superiores a seus semelhantes, criando para si e seus confrades uma classe especial, a classe dos chamados intelectuais, pensadores, doutores, profissionais e homens de indústria, que geralmente têm por ideal converter seu conhecimento em dinheiro, em prazer, em bem-estar.

São os presunçosos, os egoístas, os ímpios, ignorantes com pretensão a sábios, uma grande massa sem escrúpulos, com aspecto de virtuosa. É a nata social moderna.

Outros, curtos de inteligência, negativos para os vôos largos do pensamento, os que se dedicam a mercancia de objetos de uso, artigos de consumo e alimentação.

Convertem o seu trabalho em ouro.

São esses os que nos vestem, nos alimentam, os que nos servem na vida doméstica, e na vida pública são os traficantes, os comerciantes de todo o gênero; os taberneiros que nos embriagam, os cigarreiros que nos viciam, os farmacêuticos que nos envenenam de porcarias com os médicos; os vendedores de cereais e os que matam milhares de crianças contaminando e falsificando o leite; os vendedores de fazenda e modas que exploram a vaidade estúpida dos homens, a futilidade ridícula das mulheres, etc.

Vêm depois os que exploram os vícios, nas altas rodas onde ele é considerado chique, como nas baixas onde rouba o pão à boca de crianças famintas e de mulheres prostituídas.

Envenenam seu irmão, mas enriquecem! O que querem é fugir do trabalho sistemático, obrigatório, doloroso; o que querem é fugir à miséria comum.

Todos buscam o ouro e pouco lhes importa que ele venha inundado de lágrimas, manchado de sangue, ensombrado de maldições.

Surge depois a caravana de homens pálidos e macerados, olhos encovados, fulgurantes, essas faces sombrias e dolorosas dos eternos construtores de palácios que nunca habitarão; os tecelões de estofos preciosos que nunca virão cobrir-lhes os corpos enrijecidos, crestados pelo fogo ou pela neve; os fabricantes dos deliciosos manjares que nunca seus estômagos famintos digerirão. Esses escravos da miséria, que suam sangue no trabalho de todo dia, são os que fazem a grandeza do milionário, a riqueza do industrial e do comerciante; são os operários, os trabalhadores desprezados, famintos, sujos, doentios...

Eis aí a humanidade.

Enquanto predominar o materialismo, o homem viverá na Terra para três coisas: para o dinheiro, para a mulher, para o poder."

"*O amor*

O amor, dizem, é uma lei universal. Acrescentam que é a mais universal de todas as leis.

Pode-se mesmo crer que é a primeira e a única lei, na qual todas as demais se fundem, se absorvem.

Em todas as manifestações da vida há uma expressão dessa lei, ou melhor ainda, todas as manifestações da vida são manifestações dessa lei.

Vejamos se isso é verdade.

Vamos partir de uma verdade incontestável; a existência de um princípio criador, único na essência, na existência, na sabedoria e no poder; Deus.

Olhando o mundo fenomenal que nos rodeia, sentimos perfeitamente, instintivamente, a presença de Deus por detrás dele. Percebemos também que tudo é perfeito nos universos, porque a criação é feita por esse Deus, que para ser Deus tem que ser absolutamente perfeito, completo, superior a tudo.

Toda manifestação de vida é um atestado dessa perfeição. Analisando qualquer dessas manifestações, nossa análise não vai além de certos limites, mas, no entanto, até onde ela vai, isso basta para verificarmos essa perfeição.

Essa perfeição só poderia se manter:

1) se proviesse de um princípio ou de um ser perfeito, infalível, imutável, e Deus, a origem, o é;

2) se esse princípio se manifestasse através de uma lei que em todos e em tudo existisse latente, permanente; que de tudo e de todos fosse atributo inerente e desse testemunho de si mesma.

Vejamos que leis podem existir com aspecto universal e dentre elas qual a que pode ser considerada essencial, primordial. Valhamo-nos da classificação já feita.

A (lei) do gênero:

É universal? Deve sê-lo para a própria subsistência dos seres vivos e para alimentar as reencarnações.

Os hermetistas chamam-na "lei do gênero". A perpetuidade da vida no mundo imperfeito se mantém pela aproximação dos gêneros masculino — feminino que geram, pela união, uma vida nova.

Isto é uma verdade no mundo dos seres vivos animais e vegetais. O elemento fecundante transita de um ser para outro e promove a geração.

As células infinitesimais, todavia, que formam os órgãos chamados nobres já fogem a essa lei e muitas se reproduzem por cariocinese (mitose), isto é, se bipartem, reproduzindo-se de si mesmas. Não há ali gênero masculino ou feminino, não há fecundação; há uma multiplicação pura e simples.

Logo, a lei não é universal no ponto de vista do gênero.

Duas moléculas minerais colocadas em presença uma da outra se reproduzem em uma terceira, naturalmente? Não.

Então aqui também a lei falha. E a lei que não se verifica em todas as coisas não é universal.

A (lei) do ritmo:

Dizem os sábios que tudo obedece a um ritmo certo. O que vai numa direção, até um limite dado, volta em sentido contrário, até um ponto correspondente.

Isto deve ser verdadeiro para que o equilíbrio universal se perpetue. O músculo, por exemplo, que foi até o limite 10 de tensão, volta no sentido oposto ao mesmo limite 10 no repouso. É como um elástico que se estica; vem ao ponto anterior o quanto foi para fora dele.

O organismo vivo que ultrapassa o limite de sua capacidade normal esgota-se e é forçado a refazer-se pela imobilidade; é o repouso. Os acontecimentos se reproduzem, se repetem de tempos em tempos, segundo um ritmo universal.

Mas a vida do espírito desmente a lei porque é infinita e infinitamente ativa. Para ela não há repouso nem limitação.

Logo, esta lei do ritmo, conquanto verdadeira, não é universal no sentido que estamos considerando.

A (lei) da polaridade:

Tudo tem dois pólos: pólo positivo e pólo negativo.

Ódio e amor, eis os dois pólos de um mesmo sentimento.

Tomemos um pedaço de metal ou de madeira. Em que polaridade estará ele? Como verificaremos nele a ocorrência desta lei?

Dissociemo-los em moléculas e depois em átomos. Como toda matéria é energia condensada e as energias circulam sempre de um pólo ao outro, pode-se afirmar que a lei aqui prevalece. A lei é uma manifestação de força, não se refere à matéria.

Tomemos um ímã comum. A lei se manifesta nele, mas unicamente pelo fato de ser um pedaço de ferro (matéria) ao qual se deu um banho de sesquióxido de ferro (força). Retirada a imantação, o pedaço de ferro ou aço não passaria de um pedaço de ferro ou aço.

Neste caso, esta lei também é falha, porque falta na matéria e se verifica mais nos fluidos, nas forças, nos sentimentos.

A (lei) de causa e efeito:

Toda causa tem seu efeito e todo efeito tem sua causa.

A criatura atesta a existência do criador. A criatura, ser vivo ou a criação, substância fundamental densificada, atestam a existência do criador — Deus.

Deus é a causa primária, a criação é o efeito também primário, porque dali por diante passa também a ser causa, causa de efeitos subseqüentes.

Há alguma coisa que possa existir sem causa? Não há. Logo esta lei é universal, essencial, existente por si mesma, permanente, lei inerente à própria existência divina, que é uma causa que gera efeitos.

A (lei) de correspondência:

'O que está embaixo é como o que está em cima, o que está em cima é como o que está embaixo'.

Um átomo reproduz o universo. O macrocosmo é como o microcosmo.

As leis universais vivem nos muito baixos como nos altos, dentro do mesmo universo.

Esta lei também é de aplicação universal.

A (lei) do amor:

O amor tende à unidade de tudo e em tudo.

Deus se manifesta pelo amor. Esta lei é a razão de ser da marcha dos mundos e da existência dos seres vivos. O ser humano tem uma parte de si mesmo dependente dos mundos físicos e outra dependente do mundo espiritual. Ambos se formam num sistema ajustado à necessidade da evolução, tornando o ser encarnado apto a ascender um modo de perpetualidade pela lei do amor.

Em todas os reinos da natureza esta lei se comprova, no homem como no animal, no vegetal como no mineral.

O homem e a mulher que se buscam, se entregam e se possuem gerando um novo ser estão agindo por efeito dessa lei; o mesmo acontecendo com os animais; o pólen que o vento carrega e deposita nas corolas abertas das flores e os minerais que na obscuridade cintilam buscando-se por meio de reflexos luminosos ou se combinam ou se misturam em fenômenos químicos, tudo é manifestação dessa lei .

Assim, os mundos que giram no espaço e permutam luz e calor; assim, os Espíritos agentes do Senhor que nos estendem as mãos compassivos."

Edgard Armond, Américo Montagnini.
Fundação da Casa Transitória, SP, 25 de janeiro de 1960.

Primeiros encargos

No fim de 1939, com 45 anos, ao passar pela Rua Maria Paula, próxima à Praça da Sé, em São Paulo, viu uma placa com o letreiro "Casa dos Espíritas do Brasil"; entrou, sem saber, na nova sede da Federação Espírita do Estado de São Paulo para onde havia se mudado dias antes. Foi muito bem recebido, no corredor, por João dos Santos, que logo lhe apresentou a outros que ali se encontravam, permanecendo todos em animada palestra por algum tempo. Ao final da conversa, foi convidado a colaborar na Casa, tendo aceito o convite.

No início de 1940 recebeu uma carta do recém-eleito Presidente da Federação, em papel timbrado daquela Instituição e nos seguintes termos:

"São Paulo, 21 de fevereiro de 1940.

Prezado confrade Cel. Edgard Armond,

Saudações!

Tenho a satisfação de levar ao vosso conhecimento que, de acordo com o nº 15 do art. 21 dos Estatutos da Federação Espírita do Estado de São Paulo, fostes nomeado para o cargo de Secretário-Geral desta Casa dos Espíritas do Brasil.

Congratulando-me com o justo prêmio que foi prestado às vossas altas qualidades de espírita e propugnador das doutrinas evangélicas, que são a causa pela qual todos nós nos batemos, a Diretoria muito espera da vossa colaboração e assiduidade.

Américo Montagnini
Presidente da Federação Espírita do Estado de São Paulo."

Com essa eleição, por ele imprevista, encerrava-se o ciclo de preparação para sua definitiva integração ao movimento espírita. Não ao Espiritismo existente naqueles dias, que se resumia ao estudo e às experiências limitadas aos fenômenos de efeitos físicos, mas ao Espiritismo evangelizador, baseado nos princípios científico-filosóficos da Codificação de Kardec e na moral e no amor solidário, fraterno, do Cristianismo Primitivo, ensinado pelo Mestre e Irmão Maior, Jesus.

Na eleição realizada, João Batista Pereira deixara a presidência para Américo Mantagnini e, no novo endereço, para onde se mudara, além da Federação, estavam instaladas, sob a sigla Casa dos Espíritas do Brasil, a Sociedade Espírita São Pedro e São Paulo, dirigida pelo Dr. Augusto Militão Pacheco e a Sociedade de Metapsíquica de São Paulo, dirigida pelo Dr. Shalders (o mesmo do grupo de estudos de 1936).

Nesse novo prédio tudo estava por fazer, em todos os setores; nada apresentava ainda um funcionamento regular.

No campo das atividades espirituais práticas nada existia, já que na Casa não se realizavam trabalhos de efeitos físicos, que normalmente eram assistidos em outros lugares.

O primeiro contato mediúnico foi feito com o auxílio de uma médium que não pertencia à Casa, esposa de um Tabelião da Capital. Foi por ela que o Dr. Bezerra de Menezes, nessa época, assumindo a Direção Espiritual da Federação, transmitiu a conhecida frase: "No mundo, o Brasil; no Brasil, esta terra que tem o nome do grande Apóstolo; e aqui, esta nossa casa, que será um farol a iluminar a humanidade."

Continuava naqueles primeiros dias a faltar a presença de médiuns de confiança, que permitissem o intercâmbio com o Plano Espiritual Superior; atendendo a um pedido, o Espírito Bezerra de Menezes prometeu sanar essa falta; passado algum tempo, apareceu na Casa um médium de incorporação, residente na cidade de Assis, interior do estado de São Paulo, onde trabalhava na Estrada de Ferro Sorocabana. Aprovado como médium, ficou acertada sua transferência para São Paulo, sob a proteção da Federação, onde ficaria alojado. Mais tarde, esse rapaz simples chamado Ary Casadio trouxe sua família e dedicou-se durante muito tempo inteiramente aos trabalhos da Casa, prestando ótimos serviços em ocasiões solenes e em trabalhos práticos. Para melhorar suas condições, foi para ele conseguido um emprego como escrevente no Tribunal de Justiça; bem mais tarde formou-se em Direito e abandonou o serviço por conveniência familiar, indo residir em Osasco.

Aos poucos, a lacuna existente pela falta de médiuns foi sendo preenchida e foi criada uma equipe de trabalho que passou a denominar-se "Grupo Razin"; seus membros iniciais, além do Comandante Edgard Armond, eram os seguintes: Raul de Almeida Pereira, funcionário do IBC, médium de incorporação, vidência e audição; José Quintais, funcionário do Departamento de Projetos da Indústria Villares, vidência, audição, psicografia e desenho mediúnico; Rubens Fortes, Oficial da Reserva do Exército, incorporação consciente; Altair Branco, engenheiro; Luiz Verri, cabeleireiro, vidência e audição; Paulo Vergueiro Lopes de Leão, pintor, Diretor da Escola de Belas Artes.

Em uma de suas inúmeras reuniões, em 1941, com 47 anos, apareceu inesperadamente um jovem médium desconhecido, que se dizia médico e chamar-se Élio. Declarou ter necessidade de fazer uma reunião com o Comandante Edgard Armond; a reunião foi marcada e realizada na Escola de Belas Artes, onde não haveria interrupções, tendo acompanhado o Comandante o engenheiro Altair, Luiz Verri, Lopes de Leão — Diretor da Escola e o médium. Foi nessa reunião que foi realizado o primeiro contato com o Espírito Ismael, o preposto de Jesus para a condução espiritual do Brasil. Incorporado no referido médium e sob o controle do vidente Verri transmitiu suas primeiras instruções ao Comandante, investindo-o da tarefa de dirigir a Federação, fixando a prevalência do Espiritismo Evangélico. Como o Comandante alegasse que essa tarefa era para muitos e que não poderia, estando quase que só, assumir tal encargo, já que estava apenas iniciando a organização da Casa, Ismael respondeu dizendo: "Você foi o escolhido e aqui será o chefe; e terá todo nosso apoio enquanto for fiel ao programa que estabelecemos, com toda liberdade para realizá-lo"; e, abrindo os braços, mostrou ao vidente uma vasta planície a perder-se no horizonte, tomada por guerreiros vestidos de armaduras antigas e elmos brilhantes, falando: "Não estarás só, terás o apoio de todos;" e, repetindo energicamente a frase, entregava a ele um montante luminoso (espada manejada com as duas mãos): "Aqui serás o chefe e esta é a espada do comando"; e encerrou, dizendo: "Para te auxiliar nos primeiros dias, como conselheiros e elementos de ligação conosco, colocaremos junto de ti três companheiros valorosos. Este chamarás Lorenense, este chamarás Luzitano e o terceiro chamarás Britânico".

Toda a multidão de guerreiros, como os três auxiliares

indicados, pertenciam à Fraternidade dos Cruzados. Os dois primeiros auxiliares permaneceram pouco tempo em contato e se afastaram logo após a formação do primeiro Conselho da Federação. O terceiro, cujo verdadeiro nome era o do rei da Inglaterra e Comandante da Terceira Cruzada histórica, Ricardo Coração de Leão, permaneceu no posto sempre e talvez permaneça até hoje, sendo na Federação conhecido simplesmente como Ricardo.

Essa designação do Alto para o meu querido pai foi posteriormente confirmada, tendo sido dado conhecimento dela à diretoria da Casa e por todos foi bem recebida.

Outro fato bastante importante, que aconteceu durante reuniões do Grupo, foi a ocorrência da primeira manifestação da entidade feminina designada como Castelã, que, a partir de então, deu valiosa colaboração; muito mais tarde identificou-se como protetora do Comandante, assinando suas mensagens sob o nome de Margarida.

O Grupo trabalhou durante muitos anos, tendo sofrido muitas alterações entre seus participantes. Foi dissolvido cerca de dez anos depois, por discordâncias quanto à criação da Escola de Aprendizes do Evangelho.

A organização da Federação caminhava rapidamente, com o apoio prometido, que vinha sempre quando necessário ou quando pedido, durante as reuniões reservadas, realizadas, inclusive, com a presença de membros da Diretoria.

O passo seguinte, que apresentou inúmeras dificuldades, foi a constituição do primeiro Conselho, ainda em 1941.

A medida inicial era a confecção de listas de nomes de pessoas com capacidade de ocupar uma posição nesse Conselho e possibilidades de colaborar dentro dos princípios traçados pelos mentores. Após análise dos nomes constantes das listas, sendo examinados os dados e informações pessoais de cada um, a relação era colocada pelo Comandante em uma gaveta da Secretaria e no dia seguinte os nomes dos escolhidos pelo Plano Espiritual apareciam marcados com uma cruz. Os selecionados eram então convidados a comparecer a uma reunião que foi marcada para a data de 23 de setembro de 1941; na convocação para essa reunião, o Comandante dizia tratar-se de importante acontecimento espiritual, do qual os convidados eram considerados participantes, caso assim o desejassem, e assinava o convite como coordenador.

Na data marcada, as pessoas, cheias de curiosidade, mas reservadas e em silêncio, aguardavam o início do que supunham ser um trabalho de efeitos físicos, muito em moda na época.

O Comandante, presidindo a reunião, tomou a palavra explicando que a importância daquele acontecimento espiritual não se encontrava em efeitos exteriores, mas nas conseqüências que decorreriam dela, pelo início de um novo período histórico religioso, para maiores realizações de orientação espiritual; tratava-se da formação de um Conselho, destinado a criar e consolidar uma mentalidade verdadeiramente cristã, em todas as suas formas benéficas para a alma humana.

Tudo havia sido orientado para que desde o início pudesse medir a sinceridade e o desejo íntimo dos convidados, realizando eles mesmos a seleção dos que deveriam permanecer.

Quando o Comandante parou de falar era clara a existência de um desagrado entre os presentes. Foi então anunciada a segunda parte do programa, devendo o Dr. Militão Pacheco, veterano dirigente espírita, ler e interpretar um texto evangélico de sua escolha. Enquanto isso, o Comandante, um secretário e um médium de confiança (no caso, Dona Nair Ferreira) reuniam-se em uma sala ao lado para receber orientação do Plano Espiritual, que veio através de Bezerra de Menezes.

Voltando ao salão, o Comandante reassumiu a presidência da reunião e pediu ao secretário que anotara a mensagem, Dr. Lopes de Leão, para que a lesse; Bezerra apelava para a boa vontade dos presentes e se referia aos grandes trabalhos a realizar no presente e no futuro, o que exigia a formação de um Conselho altamente credenciado.

Ao final da leitura da mensagem surgiu entre alguns dos presentes uma troca de exclamações de estranheza, diziam que esperavam algo diferente do que havia ocorrido, afirmando ainda não haver qualquer plano de realizações a ser conhecido, analisado ou discutido. Nesse momento, um médium dentre os presentes foi tomado e, em transe, levantou-se dizendo em voz clara e forte: "O Comandante tem no bolso interno de seu paletó um plano de realizações para ser discutido e votado"; levando a mão ao bolso, o Comandante verificou que lá estava um esboço que havia antes preparado, enumerando as primeiras atividades a serem adotadas pelo futuro Conselho. Ia iniciar a exposição, mas como o ambiente tendesse a deteriorar-se passou a palavra ao Espírito que havia tomado o participante na platéia; foi quando o mesmo médium desconhecido levantou-se do lugar que ocupava e, sempre mediunizado, com os olhos fechados, passando rapidamente entre as fileiras de cadeiras, chegou até a mesa e, com voz forte e enérgica, dirigiu-se novamente aos presentes, dizendo: "Depois de tudo o que foi dito, ninguém pode ignorar as finalidades desta convocação e o oferecimento que se fez de oportunidades felizes de servirem a humanidade, testemunhando o Evangelho do Divino Mestre Jesus Cristo; na situação atual do mundo, que tende a agravar-se, esta oportunidade é dádiva preciosa que não deve ser amesquinhada; se não lhes basta o que foi oferecido, que usem de seu livre-arbítrio para aceitar ou recusar. Se não vos bastam para agir, a espada da fé e o escudo do Evangelho, deixem a carga já, para que permaneçam somente os possuidores de boa vontade, dispostos a colaborar nesse empreendimento de amor e redenção, de nossos semelhantes".

Após as palavras contundentes do Espírito que se manifestara, fez-se profundo silêncio e o Comandante ofereceu a palavra a quem quisesse fazer uso dela. Como ninguém se manifestasse, declarou que esperava uma decisão final de cada um, em uma próxima reunião, que ficou marcada para cinco dias depois, na mesma hora e local. Fazendo uma prece, encerrou a reunião.

Na reunião seguinte, realizada dia 28 de setembro de 1941, compareceram dois terços dos inicialmente convidados; nesse dia comprometeram-se ante Jesus a se dedicarem com devoção ao engrandecimento do Espiritismo e da Federação, tomaram posse e conheceram mais detalhadamente a organização da Casa e do preparo da gestão administrativa que se iniciava.

Esse primeiro Conselho foi chamado de Orientação e, a partir de 1944, passou a ser chamado Conselho Deliberativo.

Dois contos inéditos

Além de sua dedicação em tempo integral à Federação, na sua organização, administração e orientação espiritual, participando muitas vezes de reuniões, trabalhos e conferências à noite, não deixou, meu pai, de escrever. Quando estava em casa, seu lugar preferido era um escritório que mandou construir em cima da garagem, onde se deixava ficar até altas horas estudando e escrevendo.

Assim, redigiu mais dois contos que pretendia, quando foram escritos, mandar incluir na sua primeira obra, o livro de *Contos*. O tempo passou, outros trabalhos passaram a ser mais importantes e com certeza o eram e assim a anotação à margem, "Para o livro de Contos", foi esquecida, os papéis ficaram amarelados pelo tempo e, creio eu, jamais foram publicados.

Eles são apresentados a seguir:

"*Dura Realidade*

Aos poucos ele foi saindo da inconsciência, da penumbra do sono, acordando, mas, ao mesmo tempo, sentindo que qualquer coisa diferente estava acontecendo.

Como estava tudo escuro e imerso em silêncio pesado, esforçou-se por encontrar as idéias e percebeu que simplesmente havia sonhado; mas que sonho esquisito! Aos poucos foi se lembrando: um avião? Não: uma espécie de cama voando. Uma multidão numa praça; uma igreja; seria uma festa? Olhando para cima vira uma forma alongada, escura, que pairava no ar.

Afastou-se e logo se viu numa estação de estrada de ferro. Caminhou para a parte descoberta e olhando para o céu viu, agora muito mais nítida, aquela forma alongada que voava baixo e vinha descendo rapidamente na sua direção. Passou bem rente dele e foi pousar no chão, junto de um poste de iluminação. Bateu forte no chão e se abriu para cima com um estalo.

Curioso, aproximou-se e então viu que era um caixão de defunto aberto.

Enojado, virou-se para o lado querendo dormir outra vez, fechou os olhos e foi mergulhando no torpor que a mente nunca sabe quando começa, nem quando termina, mas, antes que dormisse, uma imagem indistinta foi-se formando em sua mente, ficando aos poucos mais clara, vinda do fundo de sua memória: uma negra velha, gorda, de cabelos grisalhos, que, quando era menino, contava histórias.

A preta ia e vinha e cada vez ficava mais nítida e mais perto e levantava o braço para o céu e apontava para ele e aos poucos foi desaparecendo e dizendo muito séria e incisiva: olhe o caixão, meu filho.

Com um susto ele voltou rapidamente à realidade; estava

bem acordado e ainda ouvia no ar o aviso da preta velha: olha o caixão, meu filho.

Sentiu um frio estranho espalhando-se do peito para a garganta, enquanto viajava velozmente pelo seu subconsciente lembrando-se dos primeiros tempos de sua infância, naquela casa enorme da fazenda do pai, onde todas as noites a preta velha reunia as crianças para lavar-lhes os pés, contando em seguida, sentados todos no estrado da sala, histórias feias de bichos e coisas do outro mundo.

O frio estava aumentando, já alcançando os joelhos, e o coração começou a disparar.

Aconchegou-se à esposa que ressonava tranqüilamente e, ao contato de seu corpo quente e macio, sentiu sua angústia crescer, sem compreender nada daquele terrível mal-estar.

Voltou a relembrar. A preta velha dizia assim: Sinhozinho, quando a gente sonha que tá ouvindo missa, é parente da gente que vai pro purgatório, mas quando o sonho é com caixão de defunto, é a gente mesmo que vai pro mau lugar.

Com medo, ele então perguntava:

— Onde é esse mau lugar, Maria Rita? É no inferno?

— Não sinhozinho; negra velha não sabe nada; negra velha foi caçada na Costa como bicho, amarrada no laço e jogada no porão do navio do Capitão Boaventura. Mas negra velha sabe que não há inferno, só há céu e purgatório.

— Mas o padre diz que quem é ruim vai pro inferno, Maria Rita.

— Diz mesmo, sinhozinho, mas não é assim, porque não há gente ruim toda a vida. Hoje é ruim, depois sofre e fica boa. Se fosse pro inferno, não podia mais ficá boa e se perdia. E Nosso Sinhô Jesus Cristo é bom demais pra deixá alguém se perdê.

Ele não compreendia muito a fundo a explicação da preta, mas, no seu íntimo, achava que ela tinha razão.

— Mas os padres, Maria Rita, eles não sabem nada?

— Sabem muito, sinhozinho, mas o que eles querem é botá medo na gente prá gente andá direito.

— Mas em mim eles não botam medo não, Maria Rita.

— Botam sim, sinhozinho, quando acontece as coisa que a gente não entende e a gente corre pro padre na igreja, eles aproveita e enche a gente de medo. Quando vem a doença e a gente fica com medo de morrer, os padre vem logo e toma conta da gente, sinhozinho.

— Mas quando é que a gente morre, Maria Rita?

— Uai. Quando chega a hora que Nosso Sinhô manda.

— E como é que a gente fica sabendo?

— As veis sabe, as veis não sabe. A morte as veis vem devagá, as veis vem de repente. Mas, quando a gente sonha com caixão de defunto, pode sabê que chegou a hora e pode pedi perdão dos seus pecados.

Tudo aquilo fluía agora em sua mente com uma clareza impiedosa e fria, palavra por palavra, vindo do mais profundo de sua memória. Até o grito da preta sentada no cepo, na vasta cozinha de chão batido, às horas de comida, e a chuva a cair lá fora em pancadas fortes, naquele dia.

Sentiu todo o corpo gelado e um grande aperto no coração. Achegou-se mais ao corpo morno da mulher e começou a apertá-lo tanto de encontro ao seu que ela acabou estranhando.

— Que tem você, homem de Deus, que tanto me aperta?

— Eu não sei o que tenho. Sonhei com um caixão de defunto e acordei doente; com o coração doendo e o corpo gelado.

— Que vergonha, ter medo de sonho, de bobagem!

— É, disse ele achegando-se de novo. Mas o frio está aumentando e já não sinto mais os pés. E seus dedos enrijecidos, repentinamente se enterraram na carne macia do peito da mulher, que, assustada, tentou levantar-se inutilmente. O marido, com um suor frio e viscoso a umedecer-lhe a pele, a contornava agora com os dois braços, como tenazes, como garras, e as unhas se enterravam mesmo na carne.

Por fim, o medo também a contagiou, sentindo-se assim violentamente agarrada pelo marido, que pensou ter enlouquecido de repente.

Ele melhorou um pouco e contou as conversas com a preta, que veio agora de novo falar com ele e avisou que, quando se sonha com caixão de defunto, não há mais remédio, morre mesmo. E se achegando ainda mais à esposa repetia várias vezes: eu não quero morrer.

Gritou então apavorada por socorro, com os olhos arregalados no escuro do quarto; o corpo inteiramente subjugado pelos braços inteiriçados do marido, agora imóvel e mudo.

Os cães latiram lá fora e vieram resfolegando arranhar a porta de entrada da casa tentando entrar ou dando a entender que ouviram o apelo dela.

Gritou de novo mais alto, na esperança de ser ouvida por alguém, nas casas dos empregados situadas a distância.

Mas tudo em vão, com o pesado silêncio da noite pairando sobre tudo e aquele escuro e os braços inteiriçados do marido, apertando-a como um torno gelado.

Ficou então quieta, esperando e ouvindo. O corpo do marido sofria agora estremeções, mas ele não afrouxava o aperto.

Chamou por ele baixinho, amedrontada.

— José, José, melhorou?

Nada. Começou a rezar depressa, numa alucinação: Minha Nossa Senhora, eu te peço: que eu possa tirar as mãos dele do meu peito, minha Nossa Senhora, para poder acender a luz. Prometo, Mãe do Céu, uma novena na Santa Cruz da Boa Vista e um manto novo, minha Mãe do Céu, para a sua sagrada imagem. Parou; não podia nem pensar mais nada, de tanto medo. O corpo deu mais um estremeção e suas mãos se deslocaram, caindo inertes para os lados.

— Graças a Deus e a Nossa Senhora!

Saltou da cama tremendo e acendeu a candeia de querosene que estava mais à mão. A chama oscilava para cá e para lá, fazendo fumaça, mas, mesmo assim, iluminava o rosto desmudado do marido, com os olhos parados, fixos para a frente, boca contraída num rítus violento, que lhe botava os lábios para dentro da boca. Pelo nariz fino e branco já nenhum sopro de vida passava. Aquela fisionomia imobilizada pela morte expressava surpresa e medo, mas também um grande assombro por alguma coisa misteriosa que estivesse vendo naquele momento mesmo e que lhe afrouxara os braços."

✦

Neste outro conto, o interessante é a observação lateral feita a lápis, mas desta vez, como se fosse parte integrante do texto:

"Vocês acreditam em elementais? ou julgam que eles são exotismos copiados de ocultismo? Então leiam este conto que não é simples literatura, salvo nomes e lugares, onde narra o que me aconteceu no princípio deste século.

Os Gênios do Fogo

Os convites foram distribuídos com a máxima discrição e reserva.

Foram escolhidas a dedo, como se costuma dizer, as pessoas ilustres e sábias, das relações do anfitrião, dignas de admissão àquela reunião sigilosa e rara.

Além deste — o médico Bourdon — abalizado investigador do psiquismo; o engenheiro italiano Fontani; o escritor Demaget; a senhora Bulovara, notável hindu de passagem por Paris; o juiz Bilot, muito acatado naqueles dias, pelo desassombro com que firmava suas sentenças, cada qual representando verdadeira lição de moral e justiça; e por último o coronel Rimonski, exilado polaco profundo conhecedor dos fenômenos espiritistas, então muito em voga entre os estudiosos.

Eram todos livre-pensadores, mas havia ainda, também, dois homens de seita: o pastor Henrich, de Liverpool, protestante, e o Dr. Carriel, católico ortodoxo, também médico.

Todos haviam recebido um cartão azul com cercadura vermelha, firmado pelo Dr. Bourdon, com a indicação bem clara: 38, Avenue des Augustins, às 20 horas, entrada pelo portãozinho lateral esquerdo.

Começaram a tocar a sineta, às 19h45 e, quando o grande sino da igreja vizinha bateu oito badaladas sonoras, já estavam todos sentados silenciosamente em torno a uma grande mesa, no pavimento do subsolo, à espera do início dos trabalhos, após, é óbvio, as indispensáveis apresentações, que foram se dando à entrada de cada um. Quem presidiu, como era natural, foi o Dr. Bourdon.

Sentou-se à cabeceira e tomou a palavra sem mais delongas: esta é a quinta sessão que fazemos e até agora não houve um só fracasso ou decepção. Infelizmente, não pudemos conservar sempre os mesmos assistentes, por impossibilidades individuais de comparência, e hoje contamos três assistentes novos, aos quais, para benefício do próprio trabalho, pedimos rigorosa neutralidade de pensamento, ausência de qualquer *parti pris*; todos devem ser meros espectadores e qualquer comentário deverá ser feito depois da sessão encerrada.

Após uma pequena pausa, continuou: até aqui temos apenas bordejado os grandes fatos, limitando-nos a ver fenômenos mais ou menos conhecidos de mediunismo; mas hoje tenho o prazer de vos apresentar o vidente espírita Positeron, grego de origem, que nos veio recomendado de Londres, por Lady Francis Dun; ela fez, com este sensitivo, experiências que reputa sensacionais e alguns dos senhores bem conhecem a capacidade investigadora de Lady Francis.

Em seguida prosseguiu, apontando para o médium; sua vidência está em plena maturidade e se, de nossa parte, pudermos assegurar-lhe ambiente funcional propício, nada impedirá que presenciemos fenômenos dignos de serem vistos.

Ele cai em transe profundo, esclareceu o Dr. Bourdon; seu Espírito abandona o corpo físico e, assim, desdobrado, percorre o mundo invisível e vai nos descrevendo, segundo estou informado, tudo aquilo que vê, ouve ou compreende. Nisto consiste...

— Perdão, interrompeu delicadamente o coronel Rimonski: como ele transmite a descrição dos fatos?

— Trabalha em combinação com ele, segundo ele próprio me disse, explicou Bourdon, um protetor do plano espiritual, e a descrição é feita ora pelo próprio vidente, em puro transe, ora pelo protetor em voz direta.

— Muito bem, assentiu o coronel polaco: quer dizer então que o vidente é ao mesmo tempo produtor dos fenômenos chamados físicos?

— Não podia ser de outra forma, a não ser que nós mesmos os produzíssemos, replicou atencioso o Dr. Bourdon. O médium, prosseguiu, está aqui de passagem para o Oriente, de maneira que só nos poderá proporcionar esta única demonstração, o que é deveras lastimável dado o seu renome e capacidade.

Vamos agora, rematou ele, suspender a sessão por cinco minutos, a fim de que os senhores possam cumprimentar o médium e estabelecer entre si a necessária harmonia fluídica.

O médium era um homem simples, modestamente vestido, mas de palavra fácil e cheia de imagens. Idade, mais ou menos quarenta anos.

Cinco minutos depois a sessão recomeçou, debaixo de excitante expectativa. O médium estava agora junto à mesa, por fora, sentado em uma poltrona ampla e cômoda, à direita do presidente.

— Como trabalhais, perguntou este: com luz ou no escuro?

— No escuro, por favor, respondeu Positeron.

— Todavia, posso manter acesa esta simples lâmpada azul de observação?

— Transmito a resposta do protetor. Ele diz: hoje pleno escuro.

Apagou-se então a lâmpada elétrica.

Não se fez concentração alguma, nem prece de abertura, mas unicamente silêncio, um silêncio pesado, enervante, até que o presidente anunciou em voz velada que o médium havia entrado em transe. Premiu em seguida um botão elétrico e uma caixa de música começou a tocar uma toada simples e amortecedora.

Antes que terminasse, já começaram a se produzir fenômenos físicos, como *raps*, pancadas, estalidos, ao mesmo tempo em que os assistentes sentiram-se tocados de leve por mãos frias, levemente fosforescentes no ambiente escuro, o que provocava exclamações.

E, então, uma voz clara e sonora, partida do teto, falou imperiosa: concentrem-se agora e aguardem quietos.

Todos, atenciosamente, procuraram cumprir essa ordem e se recolheram em si mesmos, como puderam, esquecendo-se de seus próprios escrúpulos ou religiões pessoais, no desejo intenso de presenciarem milagres provocados por seres habitantes do outro mundo.

O salão foi-se iluminando aos poucos de uma luz clara e lívida, suave como um luar que, em breve, contudo, desapareceu, voltando a dominar a escuridão anterior.

Decorreram mais de dez minutos enervantes, quando a música tocou de novo e, repentinamente, ouviu-se a voz do médium clamar angustiada:

— Não quero ir. Tenho medo do fogo.

E a mesma voz autoritária reclamou, vinda do teto:

— Concentrem-se. Concentrem-se.

Nesse momento, um grande clarão vermelho explodiu no escuro da sala, iluminando-a toda, e uma forma rubra como uma labareda viva atravessou-a rápida, de ponta a ponta, apagando-se de súbito, junto à porta.

Os assistentes, imóveis e impressionados, permaneciam imóveis em seus lugares.

— Ela vem vindo de novo, gritou o médium. Está subindo do fundo do abismo.

Uma nova labareda, esguia, sinuosa e flexível como uma lâmina de florete, flamejou no escuro, estalando e sumindo na parede do fundo da grande sala e, atrás dessa, muitas outras vinham vindo, passando, acendendo-se e estalando, crepitando como uma chama, silvando como um vento ríspido.

— As salamandras, gritou o médium aterrorizado, as salamandras de fogo! Elas estão vindo do fundo do abismo, repetiu: são milhares delas.

Os assistentes estavam, já agora, estarrecidos e arrepiados. Não compreendiam o que se passava. O fenômeno era absolutamente insólito e nunca jamais presenciado por alguém. O próprio Dr. Bourdon, que possuía grande experiência de sessões de efeitos físicos, estava desorientado sem saber o que fazer ou dizer.

Mas, na escuridão profunda, ainda mais aumentada pelo contraste daquelas chamas que passavam rápidas, acendendo-se e apagando-se, a voz que vinha do teto recomeçou a falar, refazendo a serenidade ambiente.

Percebia-se bem que estava descrevendo uma cena incrível, enquanto o médium estertorava e se agitava angustiado.

— Que imensa caverna! Que escuridão! Que silêncio reina aqui neste recinto estranho! Não estão ouvindo batidas surdas e compassadas como tambores? Não ouvem? Soam muito de longe, não sei donde...

E, após uma pequena pausa, voltou a dizer:

— Não ouvem como agora se aproximam? Estão cada vez mais perto... e agora retumbam, enchendo esta caverna de um tremendo rumor.

Neste ponto a voz pareceu extinguir-se, vacilou, como se o Espírito, ele próprio, estivesse amedrontado com alguma coisa, porque dentro em pouco o médium, desdobrado, começou a descrever mais nitidamente o que se passava.

— Está cessando agora esse barulho infernal, disse ele, e se extinguindo igualmente em todos os lados; ouço agora uma crepitação sonora e intensa, como de castanholas batidas por mãos ágeis, mas, neste escuro intenso, nada vejo ainda. Aguardemos.

Durante alguns momentos, de fato, nada sucedeu na sala de sessão e pareceu aos assistentes enervados que se preparava uma mudança de cena, sabe lá, se mais emocionante ainda que as anteriores.

Mas não demorou que a voz voltasse a descrever o que via, naquela caverna estranha, algures:

— Vejo agora umas línguas de fogo, labaredas amarelas e vermelhas, correndo rápidas de um ponto para outro, traçando fulgores vivos nas paredes deste antro escuro. E outras, muitas outras, estão se juntando a estas, surgindo de todos os lados, crepitantes e velozes e multiplicando-se tão depressa que parece formarem agora uma só fogueira. É tudo fogo! As chamas são coisas vivas, bem vivas, tanto como nós outros. Parecem seres humanos. Ah! Entendo agora: são gênios do fogo!

Como que receoso o médium fez o restante da descrição de forma excitada, emocionada, usando frases curtas, às vezes absolutamente lacônicas, mal se fazendo entender pelos assistentes assombrados.

Mas cumpriu o seu dever; falou até o fim, não arredou pé do seu posto, de maneira que foi possível reconstituir toda a cena maravilhosa e incrível, que ia vendo e transmitindo aos homens encarnados. Tudo constou de uma ata, que foi lavrada ali mesmo, debaixo ainda da intraduzível emoção que dominava todos e por estes autenticada, de forma a não deixar dúvida alguma sobre sua veracidade.

Desta ata é que tiramos o restante da dramática narração como em seguida expomos sem nenhum comentário.

'O extraordinário é que todas estas labaredas são vivas, têm forma, forma esguia e esbelta, flexuosa e ondulante, forma de mulher, de cuja cabeça erguida e jogada para trás uma esplêndida cabeleira de ouro cai, em volutas pelas costas, envolvendo em chamas o vulto gracioso.

Velozes, ardentes, cheias de volúpia, aqueles seres de fogo se aproximam e se afastam, rodopiando, deslizando pelo chão negro e luzidio, descrevendo caprichosos movimentos e singulares evoluções.

O estalar contínuo e rumoroso, que segundo parece resulta do movimento das flamas vivas, marca compasso ao estranho bailado e uma perfeita harmonia e beleza havia na conjugação dos movimentos e dos rumores.

À esquerda, sob as grossas colunas de pedra que sustentam a enorme abóbada e onde se refletem continuamente as fulgurações das chamas em movimento, permanecem algumas flamas silenciosas e imóveis em atitudes hieráticas, parecendo que velam pela realização de todo aquele aparato.

Mas, de súbito, todo aquele movimento cessou e uma grande e alta chama se elevou do fundo, junto ao dólmen, sobre um estrado de pedras esverdeadas; e, de corredores misteriosos e insondáveis, cavados nas rochas, ao fundo das galerias laterais, vêm chegando em procissão, umas atrás das outras, novas e numerosas flamas esguias e trêmulas, que se juntam à multidão agora imóvel no centro.

Aqui o médium fez uma pausa e recomeçou a falar no tempo passado.

A luz que iluminava a caverna enorme aumentou de súbito e aquela chama alta e esguia foi-se imobilizando aos poucos e ganhando forma, uma estranha forma feminina circundada de maravilhosa cabeleira vermelha e crespa que lhe descia até os pés.

Levantou para o alto os braços rubros, girou-os em círculo, à frente do corpo, produzindo faíscas e rodopios de indescritível beleza e entoou um canto melodioso e quente, que retumbou pela caverna em modulações envolventes e perturbadoras. Girou depois em si mesma e começou a diluir-se, desaparecendo por saída misteriosa da caverna, bailando, girando sempre em torno de si mesma e seguida pelo enorme cortejo de flamas vivas, revoluteantes e ardentes. E a claridade foi surgindo de fora, cada vez mais forte e deslumbrante, no topo de uma coluna agreste, onde se derramou pelas encostas, como lavas de um vulcão em plena atividade, calcinando tudo à sua passagem.

Avançou pelos campos verdes, destruindo bosques e plantações, até que parou à margem de um pequeno rio ou canal.

A grande chama vermelha, de formas rudes, ia sempre à frente, braços erguidos, cabeça jogada para trás, como num passo de dança, conduzindo seu exército de fogo ao extermínio impiedoso.

Começou então a subir rio acima, pela margem, até a encosta de uma colina que fechava o caminho; dirigiu-se para lá com a esteira luminosa e rubra, que tudo incendiava em sua passagem e antes que desaparecesse em seu interior, parou e, virando-se para os seus guerreiros vermelhos que cobriam toda a vasta planície em volta, levantou novamente os braços, refulgiu, expandiu-se, cresceu para cima como uma bola e desfez-se.

Num instante, o exército debandou para todos os lados e a planície retomou seu aspecto costumado, unicamente alterado na cor, que agora era negra e não mais verde como antes.

A voz aqui cessou de falar e o médium agitou-se novamente

na sua poltrona, emitindo prolongados e angustiados suspiros.

Sobreveio pesado silêncio, do qual não mais se saiu, até que o Dr. Bourdon lançasse a pergunta de praxe: devemos encerrar ou aguardar novas manifestações?

Não houve resposta alguma e, passados novos minutos de espera, o médium voltou de seu prolongado transe, dizendo:

— Podeis acender a luz. Estou desperto, graças a Deus.'

Epílogo

No dia seguinte, pela manhã, ao abrir seu jornal costumeiro o Dr. Bourdon leu que o Vesúvio havia manifestado um recrudescimento de sua habitual atividade, aterrorizando os habitantes das regiões vizinhas, destruindo plantações e moradias nas encostas da cratera.

Mera coincidência ou realmente uma extraordinária visão das atividades interiores da milenar e lendária Forja de Vulcano?"

Realmente, além dessas redações (quais os dois contos aqui apresentados), que podemos descrever como seu único lazer, após a posse do Conselho, com o prosseguimento dos trabalhos ligados à organização da FEESP (Federação Espírita do Estado de São Paulo) impunha-se a necessidade de elaboração de instruções e publicações de orientação aos trabalhadores da Casa e aos espíritas em geral que desejavam também seguir a nova ordem, fugindo do então lugar comum, os trabalhos de efeitos físicos, que tiveram seu momento, muito mais como divulgação, motivo de atração de curiosos.

Edgard Armond, Secretário-Geral da FEESP.

O SEMEADOR

Palavras de Apresentação

Jornal *O Semeador*, nº 1.

O escritor e jornalista espírita. Pioneirismo na FEESP

Assim, motivado pelas tarefas espíritas assumidas e com o apoio do Alto, o Comandante Edgard Armond passou a redigir seus primeiros livros doutrinários. Publicou inicialmente um livreto com 60 páginas, *Contribuições ao Estudo da Mediunidade*, em 1942; depois, *Mediunidade de Prova*, em 1943; *Desenvolvimento Mediúnico*, em maio de 1944, e *Missão Social dos Médiuns*, em junho do mesmo ano. Esses livretos foram, em 1947, reunidos em uma só obra, com novas bases para o ensino e prática da mediunidade. Além dessa série, escreveu, em 1943, *O Espiritismo e a Próxima Renovação*.

Com a estabilização do sistema de funcionamento, a FEESP passou a realizar conferências públicas várias vezes por semana, principalmente na manhã e noite dos domingos, para onde eram trazidos oradores de renome, da Capital e de fora; pela Federação falavam Pedro de Camargo — Vinícius e os confrades Américo Montagnini, Godoy Paiva e outros.

A Secretaria Geral resolveu então propor a dissolução do consórcio existente desde 1939, sob o título de Casa dos Espíritas do Brasil, para que fosse usado unicamente o nome da Federação Espírita; isso foi possível após acordo entre as direções das diversas Instituições, sendo a proposta aprovada e executada.

A única alteração sobre a proposta original foi que a Sociedade de Metapsíquica passou a ser o Departamento de Metapsíquica da Federação, inicialmente ligado à própria Secretaria Geral, mantendo ainda por algum tempo o funcionamento regular em trabalhos de efeitos físicos. Mais tarde, a direção desse Departamento foi transferida para o Dr. Shalders e quando essas atividades foram julgadas dispensáveis foi o mesmo departamento extinto, passando a serem utilizados efeitos físicos, exclusivamente quando necessário, em trabalhos de cura espiritual.

Em março de 1944, a Secretaria Geral apresentou projeto de criação de um jornal, intitulado *O Semeador*, para a difusão de diretrizes e do movimento da Casa. O registro do jornal, inicialmente, teve de ser feito em nome de Edgard Armond e não no da Federação, por exigência do Estado Novo revolucionário. Inicialmente e durante alguns meses funcionou sob a responsabilidade de Marta Cajado de Oliveira e depois sob sua própria responsabilidade. Nos primeiros tempos, foi ele também obrigado a utilizar vários pseudônimos nos artigos que escrevia, visando garantir a saída regular do jornal, tendo em vista a falta de colaboradores. O primeiro cabeçalho foi desenhado por José Quintais, do antigo Grupo Razin, sendo mais tarde ligeiramente alterado por Joaquim Alves.

Manteve-se responsável pelo jornal até 1967, quando se afastou da Federação por motivos de saúde. Mas, até 1972, havia escrito 425 artigos de colaboração contínua.

Entre suas anotações encontrei o artigo seguinte, que

mantinha na margem uma anotação a lápis, "*Semeador*". Não tendo data ou qualquer outra indicação, desconheço se foi publicado, sendo um dos 425 de sua colaboração, ou não. Aqui o reproduzimos:

"Ao me pedirem um tema para esta semana espírita escolhi o mesmo assunto, sobre o qual ultimamente tenho escrito e falado em todas as oportunidades, por saber da sua importância e da sua urgência: o modo de melhor compreender, interpretar e realizar o Espiritismo.

Compreende-se que causa estranheza a alguns confrades esta proposição, tendo eles o direito de perguntar: então o Espiritismo não foi compreendido ou interpretado por Kardec e seus auxiliares nos dias da codificação e, após ele, não tem sido compreendido e interpretado por todos aqueles que vieram depois e também por nós, que aqui estamos hoje, da mesma forma, nos esforçando na sua propagação?

E a nossa resposta é a seguinte: sem dúvida que foi perfeitamente interpretado e definido pelo insigne Codificador, tanto assim que ele pôs bem em evidência o caráter tríplice dessa compreensão: se escreveu *Gênese* e *O Livro dos Médiuns*, no campo científico ou experimental, também escreveu *O Livro dos Espíritos* no campo filosófico e *O Evangelho segundo o Espiritismo*, no religioso.

Se houve um Gabriel Delane ou um Geley, também houve um Flammarion e um Léon Denis. E se nos nossos dias pontificam companheiros que realizam num campo, outros há que o fazem em campo diferente: um Ubaldi e um Chico Xavier, um André Luiz e um Emmanuel. Todos os aspectos doutrinários do Espíritismo têm sido ventilados, compreendidos, interpretados, expostos com clareza e competência; grandes têm sido os esforços e os méritos de todos estes servidores da seara; mas a maioria do povo, inclusive o povo espírita, não lê, não estuda, não investiga, não medita e por isso não compreende ou compreende mal, entende como entende e não como é preciso entender, não alcança a verdadeira finalidade da Doutrina e, no campo das realizações práticas, abastarda a Doutrina, empana o seu brilho, desvirtua seus efeitos, a rebaixa, quando devia exaltá-la.

Empresta à Doutrina um caráter mundano, material, de satisfações, de interesses pessoais, sem ter em conta seu principal objetivo, que é a redenção do indivíduo, pela sua reforma moral, pela aquisição de virtudes, pela purificação do seu espírito.

Vai às sessões como quem vai à missa e isso lhe basta; ouve os discursos e conferências e isso também lhe basta; lê um ou outro livro da doutrina e dá-se por sábio; doutrina um Espírito sofredor e imagina que possui todos os poderes; se é médium, recebe o protetor individual, ouve o que ele diz e declara que não precisa saber de mais nada. Pede um favor ao Espírito, dá ou recebe um passe, paga uma mensalidade de seu Centro e volta satisfeito para casa, continuando a praticar os mesmos erros, os mesmos vícios que possuia antes.

Se se lhe fala em reforma moral, responde que não é preciso, porque já pertence à Doutrina e se se lhe pede que combata seus vícios e defeitos, diz que isso virá com o tempo, porque vivemos na eternidade.

Por isso, irmãos, é que o Umbral está cheio de indivíduos decepcionados e revoltados, apesar de possuírem na testa os rótulos brilhantes de espíritas. Seus protestos e lamúrias sobem aos céus, porém não abalam as potestades, porque está escrito que cada um colherá de acordo com o que semear.

Meus irmãos, o Espiritismo veio justamente para explicar isso, para exigir a reforma, a purificação; não veio para outra coisa, nem o era preciso, porque tudo aquilo que ele ensina já foi ensinado antes por outras doutrinas, há muitos milênios; é verdade que, acompanhando a própria evolução das coisas, ele superou todas as doutrinas anteriores, trazendo a generalização do intercâmbio entre vivos e mortos, o maior conhecimento dos planos invisíveis e, sobretudo, os elementos necessários à revivescência do Cristianismo, tão deturpado e mal exemplificado pelas religiões chamadas cristãs. Por isso sua base fundamental é o Evangelho de Jesus, em espírito e verdade, e por isso também, a responsabilidade dos espíritas é muito maior que a de todos os demais, porque mais receberam e mais amplos e definidos devem ser seus testemunhos.

Isto, todavia, é justamente o que não tem sido feito. Chegando ao ponto de quererem alguns que o Espiritismo seja simplesmente uma Doutrina de intelectuais, a realizar-se entre as quatro paredes de um gabinete, sem a menor repercussão na alma do povo e dentro do maior egoísmo individual.

Se formos com o nosso pensamento a épocas remotíssimas, dos primeiros tempos de vida planetária, encontraremos entre as Américas e a Europa e África o grande continente da Atlântida, onde habitava a 4ª Raça-Mãe, detentora para aqueles tempos de uma apurada civilização. Entretanto, dominava ela o mundo todo e seus arautos conclamavam sua grandeza, no Oriente como no Ocidente. Imensas cidades se estendiam pelas planícies e montanhas e sua capital, Posseidonis, a cidade das sete portas de ouro, era um atestado vivo de sua grandeza e poder.

Dois avatares planetários ali desceram em épocas diferentes para orientar e instruir o povo nos princípios da verdadeira lei espiritual.

Entretanto, o grande poder levou ao orgulho, este à violência e à separação; as práticas de magia negra completaram o panorama infeliz e como conseqüência, aquele grande povo caiu em degradação e o continente afundou nas águas do oceano que lhe conservou o nome.

Mas as sementes da civilização foram transportadas para a Europa, descendo pelas regiões do Pólo Norte, na pessoa dos hiperbóreos. Povo selecionado, loiro de olhos azuis, que se estabeleceu no centro da Europa, onde pouco depois, atacados pelos homens da raça negra, remanescentes da 3ª raça, optou pela paz.

Levantou o estandarte do cordeiro e conduzidos pelo seu grande chefe, Rama, deslocou-se para a Índia, aí formando os núcleos fundamentais da 5ª Raça, os Árias.

Este povo ali chegando, estabeleceu os códigos da vida espiritual, que o mundo herdou e ainda conserva até hoje. Depois, descendo pelo Oriente, levou seus ensinos aos caldeus e aos egípcios, por fim se espalhando pelo mundo e formando esta civilização da qual fazemos parte.

Depois vieram povos que aperfeiçoaram tais doutrinas, até chegar ao Decálogo de Moisés e daí seguindo até Jesus na Palestina, no topo mais alto do ensino direto, trazido pelo próprio Cristo planetário, ensino que também herdamos e no qual vivemos.

Este ensino é o verdadeiro caminho, o único que nos levará à redenção, o conhecimento e prática do Evangelho; nenhum outro poderá nos abrir as portas dos mundos superiores e é pelas mãos de Jesus, amigos, que nós os cristãos, seus discípulos, lá chegaremos.

O Evangelho é o meio e o fim, o alfa e o ômega, a primícia e a conclusão, o alicerce e a cúpula de qualquer esforço de redenção humana nesta fase evolutiva.

E o Evangelho, amigos, não nos veio pelo Espiritismo; já existia antes, como já existiam todos os demais códigos religiosos e doutrinários, que contêm os ensinamentos dados pelo Cristo planetário a esta humanidade, nas diferentes épocas de sua atribulada vida, seja na Atlântida, seja na Lemúria, na Europa, como em qualquer parte do mundo.

Sim, os ensinos são sempre os mesmos, em todos os tempos: imortalidade, eternidade de vida; infinito da criação; reencarnação, vidas sucessivas em mundos diferentes; carma, etc. Tudo é sempre o mesmo desde o princípio até hoje. Com o vedismo de Rama, com o bramanismo, com o budismo, com o taoísmo ou o confucionismo, com o zoroastrismo persa, com o hermetismo egípcio, com o mosaísmo antigo e até mesmo com o cristianismo dos primeiros tempos e o Espiritismo dos nossos dias, os ensinos são sempre os mesmos, pregam as mesmas verdades e apontam os mesmos caminhos.

Mas, então, pode surgir outra pergunta: neste caso, o que foi que o Espiritismo trouxe de novo? E nós repetimos: a popularização das práticas, que sempre foram feitas em círculos fechados, a intensificação do intercâmbio pela mediunidade, que hoje está se estendendo por toda a parte, e a exemplificação do Evangelho em espírito e verdade, coisa que até hoje não foi realizada no seio do povo, mas unicamente por um ou outro indivíduo isolado e por sua própria conta.

Ora bem: os espíritas estão sendo educados de uma forma que o que é essencial está passando a secundário e vice-versa. Fazem as outras partes, nem sempre bem, mas fazem; as práticas são muitas vezes mal executadas, eivadas de ignorância doutrinária, mas são feitas com devoção e assiduidade; mas a última parte, a tarefa de exemplificação evangélica individual, esta não é executada pela maioria.

Pensa a maioria que testemunho evangélico é assistir a sessões, dar passes e assistir doentes ou resolver dificuldades domésticas, quando, na realidade, o problema é muito outro: é a purificação, a evangelização de cada um. É o indivíduo mesmo que está em jogo e que representa o interesse central de todos os movimentos.

E assim caímos no problema da organização e do funcionamento das sessões, sobre o que já publiquei dois artigos pelo jornal *O Semeador* e que procurei aqui resumir para meditação dos caros companheiros, que operam neste setor e têm, por isso, responsabilidades pessoais no caso."

Além da publicação do jornal *O Semeador*, visando ampliar a difusão da doutrina e do prestígio da Federação, propôs também a criação de um programa dominical de rádio, *A Hora Espírita*, que foi contratado com a Rádio Tupi, dirigido pelo confrade João Rodrigues Montemor.

O Departamento Federativo foi bastante desenvolvido e a Secretaria Geral convidava mensalmente Centros filiados para, em rodízio, participarem de reuniões conjuntas, visando a fraternização e a sociabilização coletivas. Essas oportunidades eram utilizadas para a troca de informações, experiências e, o principal, a padronização dos trabalhos, com a divulgação de diretrizes e orientações gerais.

Em 1947, com 53 anos, visando a união da família espírita e a unificação padronizada das práticas doutrinárias, após consulta aos principais centros da Capital foi criada a USE — União Social Espírita, com essa atribuição. Foi também marcado para ser realizado na Capital o I Congresso de Unificação Estadual, que reuniu na Federação representantes da quase totalidade das Instituições Espíritas do Estado.

Nessa mesma época foi ainda realizado um recenseamento dos espíritas, que acusou um total aproximado de setecentos mil adeptos, incluindo os grupos particulares de existência regular.

Desenvolvendo a iniciativa e se aproveitando da experiência adquirida no Congresso Estadual, a Secretaria propôs a convocação de um Congresso Nacional, também em São Paulo, que da mesma forma teve grande êxito, mesmo com a recusa da Federação Espírita Brasileira de colaborar ou reconhecer.

Apesar disso, essas iniciativas deram à Federação uma posição de liderança no Estado e um prestigioso reconhecimento em âmbito nacional, com a divulgação da Doutrina.

Outra iniciativa foi a "Caravana da Solidariedade", constituída por um grupo representativo de trabalhadores da Federação, inclusive o médium Ary Casadio, que viajou por vários estados do País, na promoção da unificação doutrinária.

No livro *Anais do Primeiro Congresso Espírita do Estado de São Paulo*, editado na ocasião, encontra-se a descrição completa e pormenorizada de todas as atividades dessa histórica iniciativa da Federação em prol do movimento espírita no Estado e no País.

Após a realização dos congressos, o Comandante Edgard Armond resolveu deixar a presidência da USE para não prejudicar a administração da Federação. A partir daí, a USE caminhou em sentido diferente e alterou seu nome para União das Sociedades Espíritas.

Sob a orientação do Espírito do cientista Louis Pasteur, trazido por Bezerra, foram estabelecidos os princípios para a implantação dos Passes Padronizados e dos trabalhos de Assistência Espiritual, visando o tratamento físico e espiritual por meio do passe, que hoje encontramos em grande número de Casas Espíritas. Ligados diretamente a esses trabalhos, foram criadas as atividades de Orientação e Encaminhamento e a Consulta Espiritual realizada pelo Colegiado de Médiuns. Atuando em conjunto com os trabalhadores do Plano Espiritual Superior, passaram a ser realizadas as Vibrações.

A grande preocupação continuava sendo com as atividades doutrinárias de evangelização da já grande família espírita. Em 1948, escreveu *Espiritismo e Esoterismo*; em 1949 concluiu o livro *Os Exilados da Capela*[3], mostrando os albores das civilizações primitivas; em 1950, *Passes e Radiações*[4], com orientação técnica para a correta aplicação de passes, sistemática que passou a ser de uso corrente na Federação pelos diversos grupos especializados de atendimento ao público. Ainda, em 1949, preparou a tese da Federação, a ser enviada ao "I Congresso Brasileiro de Unificação, realizado no Rio Grande do Sul", tese essa destinada ao "Congresso Espírita Pan-Americano" a ser realizado no Rio de Janeiro; essa tese foi denominada *Prevalência do Espiritismo Religioso*. Nesse mesmo ano, publicou o opúsculo

[3] Com edição também em italiano e espanhol; este último pela Editora Aliança. (Nota da Editora)

[4] Com edição também em espanhol, pela Editora Aliança. (Nota da Editora)

O Espiritismo e o Comunismo e *O Espiritismo e o Divórcio*, que foi revisto e ampliado, sendo reeditado, em 1954, sob o título *A Questão do Divórcio*. Em 1951, escreveu *Épocas de Transição* e de uma conferência realizada na Federação foi extraído e publicado *Demonologia*.

Criou na Federação Espírita do Estado de São Paulo uma série de cursos, como o "Curso de Passes", a "Escola de Médiuns", o "Curso Básico de Espiritismo" e, em 1950, a "Escola de Aprendizes do Evangelho", estágio inicial de uma Iniciação Espírita em uma escala razoável, baseada no Evangelho Cristão, e tendo como viga mestra a reforma íntima, condição fundamental da redenção espiritual do homem encarnado. Para o acompanhamento individual de cada Aprendiz, nos avanços e recuos de seu esforço na realização da reforma íntima, foi o Comandante buscar, com as necessárias adaptações, a utilização das cadernetas individuais utilizadas pelos essênios, ao tempo de Jesus, descrita no livro *Harpas Eternas*, de Hilarion do Monte Nebo, contemporâneo e servidor de Jesus; essa obra recebida por Josefa Rosalía Luque Alvarez, em quatro volumes, lhe havia sido enviada da Argentina, pela autora, antes mesmo do lançamento; o sistema das cadernetas foi adotado com excelentes resultados.

Em complemento à Escola de Aprendizes do Evangelho, criou a Fraternidade dos Discípulos de Jesus, que passou a ser integrada pelos Aprendizes com bom aproveitamento. Para esses dois grupos foi preparada uma série de 21 livros didáticos, que eram utilizados parte na Escola e parte pelos Discípulos.

Dessa série de livros, editada entre 1950 e 1956, denominada

[5] Atualmente o *Iniciação Espírita* constitui um único livro, editado pela Editora Aliança. Dos tomos acima citados, muitos foram reformulados ou sintetizados, outros acrescentados, complementando-os, no ano de 1977, sob a coordenação de Edgard Armond. (Nota da Editora)

Iniciação Espírita[5], são de sua autoria, redigidos em 1950, do Tomo I os pontos "A Criação", "Constituição Geográfica da Terra" e "História de Israel"; o Tomo II, "A vida de Jesus", de 1951; a terceira parte do Tomo VII, "Estudo dos Seres e das Formas"; Tomo XIX, "Religiões" e Tomo XX, "As Filosofias", ambos de 1956.

O Departamento de Assistência Social da Federação, inicialmente dirigido por um grupo de senhoras, teve como principal iniciativa a criação de uma casa de assistência à criança, o "Nosso Lar", mas teve o Departamento seu grande impulso quando foi entregue a José Gonçalves Pereira; instalou-se em terreno adquirido à rua Santo Amaro, para onde mais tarde mudou-se também a Federação. A principal obra então implantada foi a "Casa Transitória", em terreno conseguido por doação, pelo Comandante, durante o Governo Jânio Quadros, por interferência do Cel. José de Pina Figueiredo, então membro do gabinete do ex-governador.

Edgard Armond jamais paralisou suas atividades de produção de obras literárias espíritas. Em 1954 publicou *Trabalhos Práticos de Espiritismo;* em 1956, *Mediunidade*[6]; *Estudos e Temas* e *Religiões e Filosofias*; em 1959, *Mediunidade Prática*.

O período de 1955 a 1965 foi de consolidação do trabalho executado, seja na administração, seja nos trabalhos práticos, no desenvolvimento das Escolas Espíritas, na difusão e unificação da Doutrina e na sedimentação da FEESP como liderança no Estado e entidade de peso na nação.

No final de 1965 foi obrigado a se afastar da Federação, a Casa que tanto lhe permitiu realizar e construir, em proveito da Doutrina à qual dedicara boa parte de sua vida. Deixava suas atividades, mesmo que não oficialmente, por motivos de saúde.

[6] Com edição também em italiano e espanhol; este último pela Editora Aliança. (Nota da Editora)

O afastamento formal veio dar-se por ocasião da nova eleição de Diretoria, em 1967. Nesse meio-tempo, sua presença na Casa deixou de ser diária, para variar em função de seu estado de saúde. O que era possível fazer realizava, em boa parte, orientando de sua residência.

Antigas edições de obras de Edgard Armond.

Correspondências e livre doutrinação

Voltando aos documentos, que emocionadamente eu descobri, como quem desvenda um mistério ou como quem localiza um tesouro, dos quais ignorava a existência, passei então à pesquisa de uma pasta contendo correspondências. Cartas, ofícios, convites, telegramas, enfim, todo tipo de correspondência, datada de 1927 até o início de 1980. Eram troca de informações, consultas doutrinárias, crítica de obras literárias espíritas, conselhos e orientações a dirigentes de Instituições e espíritas em geral, autorização para tradução e reprodução de livros de sua autoria, para distribuição em folhetos mimeografados nos países comunistas europeus, troca de informações e experiências com dirigentes espíritas de inúmeras cidades brasileiras e países estrangeiros.

Dentre as correspondências, encontrei algumas que me chamaram especialmente a atenção, pelo assunto fora do comum que era tratado; ao reproduzi-las, deixo de fazer constar nome e local.

Trata-se de cartas trocadas com um padre francês, lotado em um seminário, sediado em uma cidade do interior do Estado de São Paulo. Todas as cartas escritas pelo padre foram redigidas em sua língua, o francês, que traduzo para poder reproduzi-las; as respostas foram feitas em português.

A primeira carta enviada pelo padre e datada de 2 de julho de 1948 não foi localizada. Em conseqüência, iniciamos a transcrição pela resposta a essa carta:

"São Paulo, 28 de julho de 1948.

Tendo estado ausente da Capital durante o corrente mês, só agora ao regressar tomei conhecimento de sua carta de 2 do corrente e respondo que estamos inteiramente de acordo com seus dizeres e plenamente a sua disposição para fornecer-lhe não só as informações de que carece, como também orientação espiritual para seus estudos ou aperfeiçoamento próprio.

Votos de paz em Jesus o Divino Mestre.

Cordialmente,

Edgard Armond
Secretário-Geral"

Junto à cópia desta carta existe uma anotação do próprio punho de meu pai, que diz:

"Apesar de seu apelo anterior, minha carta foi remetida em envelope da Federação. Descobrindo o engano da secretária, só havia uma coisa a fazer se ainda houvesse tempo. Impedir de qualquer maneira que a carta chegasse a seu destino. Como era para evitar malefício involuntário a pessoa inocente, julgamos justo recorrer ao Plano Espiritual, pedindo que a carta fosse desviada ou extraviada.

Feito isso, nada mais nos restava fazer que esperar. Vide carta de 19 de agosto."

Após esse incidente, o padre enviou a seguinte carta:

"3 de agosto de 1948.

Senhor Secretário-Geral,

Eu recebi vossa carta de 28 de julho, vivamente tocado por vossas expressões generosas e cordiais, as quais agradeço de todo coração.

Mas eu vos suplico: jamais me escrever com envelope contendo vosso endereço no verso, se não quiser que eu seja denunciado ao Santo Ofício ou, no mínimo, que eu incorra em sérios aborrecimentos. Eu resido em uma casa com confrades que estão bem longe de ter esta liberdade de espírito com que aqui vos falo, e a correspondência é normalmente retirada por um superior ou por alguém enviado por ele. Um auxílio do Alto me protegeu, na noite que vossa carta chegou, pois, contrariamente ao que se passou até agora, eu mesmo fui enviado ao correio. No entanto, vos peço, não tentemos a Deus, querendo repetir a experiência.

O que desejo e vos pedi é realmente uma orientação, no sentido mais amplo da palavra. Parece-me que não poderei me explicar convenientemente nos espaços restritos de uma carta; por isso, vos peço informar se posso ter uma entrevista convosco e quando. Desde já vos agradeço a atenção que dispensareis ao meu caso e, com essa confiança, tenho a honra de vos apresentar minhas saudações as mais cordiais, em Jesus nosso Mestre.

- - - - - - - - - - - - - - -"

E esta foi a resposta enviada:

"São Paulo, 19 de agosto de 1948.

Irmão Padre,

A demonstração pelo que se viu deu-se beneficiando-vos. Apesar do vosso pedido de sigilo, foi por inadvertência enviada uma resposta em papel timbrado desta Casa e então pedi aos amigos invisíveis que: ou a carta vos fosse às mãos sem malefício ou então fosse destruída antes de aí chegar.

O irmão acertou, pois, quando disse que 'uma virtude do Alto o protegeu'.

Foi exatamente o que aconteceu e isso demonstra que podemos confiar nos mentores espirituais, cuja interferência para as causas justas nunca deixa de ocorrer. Se pois tiverdes fé, nada temais, conquanto é correto que se proceda com bom senso.

Considerando o vosso caso, achei conveniente fazer um exame espiritual de vossa pessoa e o resultado foi demonstrativo de que o irmão pela bondade natural e pela sinceridade que possui está em condições de ser ajudado.

Já possuis alguns conhecimentos sobre a vida espiritual, e mesmo algumas experiências e observações pessoais sobre certos aspectos e evidências dessa vida; aliás, foi por causa disso que nos procurou. Tem também alguns recalques devido ao ambiente espiritual em que vive. Nestas condições, conviria dar-vos, da espiritualidade, uma noção de caráter geral e ampla que, todavia, os estreitos limites desta carta não comportam.

Seria aconselhável o estudo de obras clássicas do Espiritismo e em seguida o de inumeráveis autores que concorreram para que hoje nenhuma dúvida mais reste sobre: a imortalidade da alma, suas vidas sucessivas, o intercâmbio com Espíritos desencarnados; a responsabilidade e o livre-arbítrio, como leis norteadoras de nossas ações, forjadoras de nosso futuro espiritual; a necessidade irrecorrível do procedimento evangélico, para a reforma moral imediata dos indivíduos, etc.

Posso sugerir-vos as obras do Dr. Rivail (Kardec), as de Delane, Crooks e os mais modernos, de Pietro Ubaldi, Emmanuel e André Luiz; algumas entre as milhares que constituem a portentosa bibliografia espírita destes dias, que representam um momento de dolorosa transição espiritual para o advento de um mundo renovado e melhor no Terceiro Milênio.

Tendo oportunidade, convém que estudeis essas obras que nós mesmos poderemos vos remeter direta ou indiretamente, pela Livraria da Casa. Compreendemos vossos temores e achamo-los naturais e justos.

Por isso, se desejardes um entendimento pessoal, estaremos às vossas ordens aqui em São Paulo, em minha residência, à Rua - - - - - - - - - - - - - -, para onde poderá escrever.

Enfim, caro irmão em Jesus, desejamos-vos felicidades, satisfação de seus anseios espirituais e asseguro-vos já a assistência carinhosa dos bondosos mentores invisíveis, que nunca se recusam a nos estender as mãos de conforto e ajuda, como auxiliares que são do Divino Mestre, na redenção desta humanidade sofredora.

Que a paz do Divino Mestre esteja convosco na legítima aspiração e nas realizações espirituais, que vos estão reservadas no futuro.

Edgard Armond
Secretário-Geral"

Sem novos incidentes, o padre lhe enviou esta outra carta:

"- - - - - - - - - - - - - - -, 27 de agosto de 1948.

Meu querido irmão,

Ouvindo o doce empenho que me vem de vossa bondade, eu vou então também chamar-vos de irmão. Com efeito, nós o somos; e é realmente o coração de um irmão que eu sinto em vossa carta de 19 do corrente. Obrigado. Continue, eu vos peço, a me oferecer vosso apoio espiritual.

Eu desejo realmente me encontrar convosco para conversarmos um pouco mais à vontade que por escrito; mas não vejo essa possibilidade, por algum tempo, devido ao meu serviço; durante a semana estou impedido por dar aulas, para o que acabo de ser designado, e, nos dias de descanso, me parece irrealizável a ida e volta em um único dia. No entanto, considero esse encontro indispensável não só para vos falar e ouvir, mas também para obter as obras de formação; obras que não podem me ser enviadas a domicílio, devido ao endereço da livraria expedidora, que deve estar inscrito sobre o pacote.

Até agora eu li Yogi Ramacharaca, *A Grande Síntese* e *Acesso Místico*, de Pietro Ubaldi, *Após a Morte*, de Denis, e *Informações Espíritas*, de William Moses.

Ainda, em Turim, na sede da sociedade espírita Archaeopterix, Via Perrone, 16, fui honrado com várias comunicações, da parte de uma entidade muito pura, que logo antes de minha partida, durante uma sessão mediúnica, predisse exatamente o seguinte: que eu sofreria a incompreenção daqueles que pela sua profissão se encontram mais próximos de mim materialmente, mas muito distantes espiritualmente; que, em compensação, eu encontraria uma perfeita fraternidade, por parte daqueles que pareciam estar mais longe. Em dois meses eu constatei a veracidade da primeira parte dessa predição; terá chegado o momento para que a outra também se cumpra?

Vós me dissestes que estou em condições de ser ajudado. Tanto quanto me conheço, me vejo pronto a seguir corajosamente o caminho que conhecer com certeza de ser o verdadeiro.

Eis tudo o que peço ao Divino Mestre, a nossos guias invisíveis e a vós, meu irmão, ser melhor esclarecido, conhecer meu caminho, ter um programa de vida traçado por uma mão segura e ditada por uma inteligência, onde eu veja uma garantia de verdade.

É isto que procuro e que as sedimentações dogmáticas e casuísticas não podem mais me dar. Eu fui aluno da fé católica; me fiz por ideal; entrei para o sacerdócio com uma perfeita lealdade; me esforcei em conformar minha vida nessa orientação. Atualmente, com a idade de 36 anos, com uma grande experiência, observo tudo isso com um olhar desencantado. Tudo o que havia amado e admirado não pode mais me satisfazer; o que me parecia uma grande luz não é mais que uma sombra. No entanto, nessa sombra, eu vejo ainda claridades.

Vós me dizeis que compreendeis meus receios e os achais justos e naturais. Eu creio efetivamente que não é por espírito de covardia que permaneço nesta religião; a entidade que me falou neste inverno, em Turim, me assegurou que eu não teria de sair; mas estou pronto a seguir a luz onde a veja. Vós me ajudareis a encontrá-la?

É nesse espírito que vos saúdo fraternalmente, pedindo ao Divino Mestre, para vós também, esse pão que ardentemente desejo.

- - - - - - - - - - - - - - -"

Após esta bela e desesperada carta do nosso irmão padre foi enviada por Edgard Armond a resposta que se segue:

"São Paulo, 6 de setembro de 1948.

Caro irmão espiritual,

Pelos termos de sua última carta verifiquei que já possui conhecimentos gerais a respeito do que se precisa saber como norma de conduta espiritual nestes tempos. Bastaria A *Grande Síntese*, de Ubaldi, para fornecer magníficos conhecimentos.

Não obstante, como pede colaboração, julgo que, considerando a profissão que exerce e as limitações de liberdade que dela decorrem, as melhores diretrizes que se lhe poderia dar seriam estas:

a) enriquecer o Espírito com os conhecimentos complementares que a Doutrina Espírita faculta a todos àqueles que lhe batem à porta;

b) interessar-se profundamente pela reforma moral — base fundamental de todo o sucesso a obter enquanto se está na corrente das reencarnações.

Ambos os empreendimentos exigem criteriosa programação.

Para realizar a letra *a* é preciso ler obras que esclareçam os seguintes pontos:

1) A existência de uma divindade criadora, incognoscível e fora do alcance do homem inferior, porém acessível na pessoa de Jesus Cristo, que é o Verbo que projetou no campo da realidade aparente a criação abstrata contida no pensamento divino.

2) Que os espíritos criados pelo pensamento divino e corporificados na 'forma' pela força do Verbo evoluem através de vidas inumeráveis, purificando-se e instruindo-se sempre e assim, encontrando-se cada vez mais perto de Deus.

3) Que a humanidade pertencente à Terra encontra-se parte encarnada na crosta, parte desencarnada na sub e na supercrosta, segundo as condições evolutivas individuais e o peso específico de seus envoltórios fluídicos.

4) Que, terminada a evolução no plano terrestre, os Espíritos passam a evoluir em outros orbes mais adiantados e assim sempre, indefinidamente.

5) Que as relações entre encarnados e desencarnados são simples e sistemáticas e se operam através de faculdades mediúnicas, que hoje, mormente no Brasil, milhares de indivíduos utilizam livremente; que essas faculdades sempre foram, são e continuarão a ser as bases do intercâmbio e a segurança das revelações progressivas de que sempre carecemos.

6) Que periodicamente no tempo ocorre um 'juízo' espiritual para selecionar os indivíduos e manter o ritmo ascensional da evolução da humanidade e do planeta que habita; que estamos nos aproximando rapidamente de um momento de julgamento, que se dará no fim deste século, como preparação de uma vida melhor no Terceiro Milênio.

Estes são os pontos que é preciso conhecer para se estar intelectualmente em condições de compreender e enfrentar a situação espiritual do momento.

Quanto à letra *b*, indispensável para se poder no julgamento 'passar para a direita', como explicou o Mestre, basta conhecer e sobretudo viver, exemplificar na vida prática de todo dia os ensinamentos evangélicos no espírito e não na letra. Um sacerdote melhor mesmo que muitos outros, pode fazê-lo com liberdade. Basta realizar um balanço íntimo, pesar as virtudes e os defeitos e iniciar a luta diária, infatigável, tenaz, contra estes, exemplificando adequadamente no plano exterior.

Caso não seja possível ler as obras recomendáveis, sugiro que me faça perguntas sobre os pontos que desconhece e responderei, não em cartas de carater pessoal (que poderão comprometê-lo como diz), mas em forma de circulares de propaganda doutrinária, que costumam ser remetidas a qualquer pessoa.

Enfim, farei o que puder e fico ao seu dispor.

Paz para o seu coração e que o Divino Pastor o abençoe e proteja na sua luta difícil, porém, meritória.

Cordialmente,

Edgard Armond

Secretário-Geral"

Não mais encontrei outras cartas que possam ter sido trocadas entre ambos, não sabendo portanto se vieram a ser escritas e enviadas. A última correspondência foi praticamente um bilhete do padre, marcando o desejado encontro, isso já alguns meses mais tarde.

Este é o conteúdo do bilhete:

"- - - - - - - - - - - - - - - -, 19 de novembro de 1948.

Meu querido e venerado irmão,

Eu vou enfim poder vos encontrar. Segunda-feira próxima espero chegar a São Paulo pela manhã. Na manhã mesmo procurarei sua residência nas Perdizes. Na hipótese de vossas ocupações não permitirem que eu aí o encontre, nesse momento, poderíeis me deixar uma indicação quanto ao horário que concordais fixar para nossa conversação?

Desde já, agradeço vossa gentileza.

Afeiçoadamente,

- - - - - - - - - - - - - - - -"

Sei que a reunião aconteceu em nossa residência, que foi bastante longa e proveitosa para o nosso irmão. Sei também que passado algum tempo, deixou a batina e dele não mais se ouviu falar.

Chico Xavier

Divaldo Pereira Franco

Mensagens recebidas através de Chico Xavier e Divaldo P. Franco

Continuei dando seqüência à pesquisa do tesouro que encontrei, como faziam os estudiosos da antigüidade egípcia, descobrindo e interpretando os manuscritos, nos rolos de papiros e pergaminhos escondidos nos templos; a próxima etapa da descoberta foi uma série de mensagens transmitidas pelos mentores espirituais, amigos e protetores, que tanto o auxiliaram na sua tarefa, com orientações e conselhos; muitos deles foram companheiros de caminhada em outras encarnações, muitas ocorridas na antigüidade, já como sábios de seu tempo, estudiosos da espiritualidade.

A seguir, passo à transcrição de algumas dessas maravilhosas mensagens, obedecendo à ordem cronológica:

Mensagem de Emmanuel ao Comandante Armond, da Federação Espírita do Estado de São Paulo, psicografada por Francisco Cândido Xavier.

"Meu amigo, que o Senhor nos ampare.

A frente dos seus olhos desdobra-se o grande caminho...

Pedras e urzes, cipoais e espinheiros...

Entretanto outra estrada não possui por enquanto a Terra para os missionários da direção.

Recordemos, porém, o Divino Orientador, que avançou para a vanguarda redentora sob o peso da cruz e continuemos a jornada.

Quem dirige para o bem e quem ensina para a verdade, entre os homens, guarda a renúncia de si mesmo por mensagem permanente do próprio coração, às criaturas...

Não lhe doam, porém, os percalços e as lutas, os golpes e as incompreensões. Só aquele que sabe sofrer em si a necessidade e a dor de todos cresce bastante para guiar.

Que o Mestre da Luz Divina lhe renove as energias e lhe sustente os passos na grande tarefa que o seu Espírito obreiro do Evangelho foi chamado a desempenhar, são os nossos votos.

Emmanuel

Pedro Leopoldo, julho de 1953"

✦

Mensagem de Razin recebida pelo médium Divaldo Pereira Franco, em São Paulo, no dia 22 de abril de 1954, presentes: José Gonçalves Pereira, Carlos Jordão da Silva e Comandante Armond.

"Companheiros do coração!

Meu querido Edgard!

Como o lírio medra do seio generoso da terra, emergindo a

fim de aspirar a grandeza dos céus e perfumar em derredor, nós emergimos do fundo dos templos, do seio acolhedor do conhecimento e da sabedoria, para perfumarmos, nos dias de hoje, com a grandeza do sentimento, a humanidade que gira em torno de nós.

Do silêncio dos templos herméticos, do fundo das doutrinas esotéricas, emergimos agora no seio amoroso da comunicação espiritual, para trazer à massa ávida, sempre necessitada, a verdade; essa grande Luz que, através dos tempos, vem se empenhando na luta titânica, pela conquista do cetro da imortalidade da vida, no seio acolhedor da terra que nos serve de berço e, para o nosso corpo, de túmulo!

A Fraternidade é, certamente, dentro dos anos e dos séculos, um dos mais profundos marcos do conhecimento e da virtude, que se vem desdobrando desde os primeiros gritos do sentimento de fé e da penetração do homem nos grandes arcanos do eterno, até os nossos dias, ampliando as suas possibilidades e criando novos elos de ligação universal, para que o espírito do Supremo Idealizador do mundo possa, sobrevivendo em todos os tempos, gritar a nossas vidas e tornar-nos archotes vivos, em demanda da eterna glória de viver no Seu regaço de felicidades indescritíveis!

Nos dias de hoje, a Fraternidade é um rebento de Luz, na grande treva desta noite de inquietação. A Fraternidade desdobrada é o amor generalizado.

Antes, congregávamo-nos no seio dos templos de pedra, buscávamos a alegria gloriosa nos altos montes tibetanos e, sob a abóbada misericordiosa dos céus, no seio feliz do Himalaia longínquo ou na alegria de templos imortais do Egito ou na gloriosa Caldéia distante, ouvíamos a voz de Brama, a palavra de Siva, o grito de Mon ou a misericórdia de Deus, nas suas múltiplas manifestações, no silêncio secreto das meditações profundas, abeirando-nos da chama viva do fogo, o poder eterno do Criador indestrutível.

Hoje, o nosso templo é o amor, é o dever, é a bondade, é a disciplina, para que a ordem no seio da coletividade em que vivem os homens possa ser o estandarte básico, onde se assentem os fundamentos das novas gerações que virão mais tarde.

Antes, falávamos àqueles que haviam despertado para a vida do Espírito e que puderam adquirir a primazia da verdade no seio grosseiro dos cultos para, nas tradições orais, levarem a palavra do grande Deus através dos tempos, até a hora gloriosa da imprensa, até os dias imortais do seu trabalho ativo.

Hoje, na palavra do Mestre da Galiléia, o glorioso Raboni de Israel, cada um de vós outros, irmãos bem amados, sois o Evangelho vivo, o archote de luz a iluminar as trevas que vos seguem de perto ou vos circundam, no seio das mais gloriosas vibrações siderais ou nos recantos mais grosseiros das vibrações selvagens, de animalidade primitiva.

E é por isso que defrontais com a dor e o cardo, o espinho e a dificuldade, no seio glorioso da academia terrestre, em cujo lugar encontrastes o banco amigo para a vossa iniciação apostolar, de evolução e de serviço.

Tenho acompanhado de perto todas as realizações da Fraternidade dos Discípulos de Jesus, no seio amigo da Casa que nos reúne, sob a generosidade de Bezerra de Menezes, o apóstolo da Fraternidade. E é com alegria, com aquele júbilo inocente da criança feliz, que vos digo de coração: — Algo há já realizado; pode-se quebrar a coluna terrível do eu, destruir-se o alicerce marmóreo do personalismo, para abrir as portas de Luz a quantos, ávidos das misericórdias do céu, deambulam atrás de nós na romagem evolucionista!

Na casa dos quinhentos, em memória do último dia da Galiléia, nós prepararemos na iniciação primária os candidatos à verdade. Solicitar-lhes-emos de pronto o exercício da luta, na dualidade do bem e do mal, para que o primeiro vença àquela e o homem se liberte do animal; para que o Espírito conquiste a fera que existe dentro dele e, depois de domá-la, parta feliz para o lar bendito dos setenta, aqueles que ouviram de mais de perto o "Ide e Pregai "; onde estão, atingirão os primeiros sentimentos de dar sem saber porque dá; de servir sob a bênção e a alegria do servir, sintonizar de perto com as vibrações melhores e, nas delicadas vibrações coloridas do bem, da virtude, do sentimento, marcharem para o próximo degrau da perfeição, no colégio apostólico dos doze discípulos, em cujo seio a palavra do Senhor se manifestara mais perto, chamando-os de bem-amados e elegendo-os escolhidos para as tarefas mais difíceis, onde aqueles que estiverem escravos do pecado, ou os que não estiverem exercitados no sacrifício não poderão pugnar, porque serão vencidos e derrotados nas primeiras instâncias da luta!

Esta iniciativa, queridos companheiros e discípulos do coração, foi iniciativa do mais Alto.

A nossa estrada foi aumentada. Fomos experimentados em longa década de oportunidades e de lutas, de ascensões e de quedas, no conhecimento da psicologia humana e na penetração da vida psíquica, através da generosidade daqueles que foram eleitos intermediários para a recepção das páginas do além-túmulo e o aprendizado de nós mesmos, na verificação do caráter de cada um e na observação da fidelidade com que a palavra do Senhor chegava até aos órgãos dos sentidos dos médiuns e deles até nós outros.

Depois dessas experiências em que a Luz do Senhor nos apresentou a realização do trabalho, sentimo-nos mais fortificados para iniciar uma outra jornada e esta jornada é ampla. Com as Fraternidades espalhadas por todo o globo, iremos sintonizando daqui, estabelecendo fronteiras magníficas, donde a nossa humilde voz, sob a direção sublime de Hilarion, irá irradiando o sol da verdade para toda a terra banhada pelo Evangelho de Cristo, sob a Presidência maior do Supremo Pai, o Arquiteto eterno das necessidades do universo. Daí a necessidade de não esmorecer, de porfiar até o fim, de não tergiversar, nem recear!

A abóbada celestial derrama messes misericordiosas de luzes sobre as almas dos que se congregam com o desejo sincero de, na pedagogia do saber, aprender a lição da vida.

Bom ânimo, pois! Seguiremos convosco e o grande Criador, conosco!

Marcharemos ao vosso lado, como o caravaneiro que não teve medo do simum[7]. Quando, distante, o grande grito de guerra das areias se ergueu, ele se curvou sobre a terra, que trepidava, para que o chicote do vento lhe açoitasse o pó e fosse passando, para cobrir as camadas de areia que as precederam! Entretanto, vede bem, o caravaneiro que se dobra diante da inclemência do deserto, dobra-se mas não fica inativo! Se permanece inativo é soterrado! Movimenta-se para flutuar, sempre!

Quando a tempestade das areias do deserto do mundo açoitar contra vós outros, curvai-vos, porque a árvore que não se dobra diante do vento é arrancada e lançada longe! Curvai-vos, mas nunca permaneçais inativos! Movimentai-vos na direção que for possível; agi segundo as circunstâncias momentâneas e o pó irá caindo sempre sobre vós, apesar de vir de sob vós e estareis à tona para, cessada a tormenta, reiniciar a jornada, deixando novas pegadas e demandar o oásis bendito, onde sacudireis o albornoz e reclinareis a cabeça cansada no dorso amigo da relva e vos dessedentareis na fonte da sabedoria infinita, que é a água bendita da Verdade, onde repousareis!

Ide, pois, companheiros! A Fraternidade vos chama para salvar o mundo, o que ainda for possível do mundo salvar! A Fraternidade em cada um de nós é um elo gigantesco, que deve ser fortificado porque, sabeis, a corrente não será, jamais, mais forte do que o seu elo mais frágil!

É mister que todos nós sejamos, cada um em si mesmo, poderoso elo, para que a corrente, na sua grande unidade, seja

[7] Vento muito quente que sopra no centro da África em direção ao Norte. (Nota da Editora)

uma força poderosa, capaz de resistir a todos os embates, formando, na sua eloquência, uma sintonia de forças semelhantes, que se agregam no mesmo pólo positivo de verdades siderais!

Marchai, pois! O horizonte imenso se alarga no sol da revelação. E o espiritismo na hora presente, coletânea dos princípios sagrados das doutrinas fechadas no profundo dos templos, é a esperança maior, na alegria misericordiosa dos ensinos benditos do homem que morreu por amor, do homem que recebeu a palavra de Hilarion e que emergiu do mundo, na eloqüência grosseira de uma cruz, para salvar a humanidade do caos!

Erguei-vos também vós outros! As vossas cruzes serão dificuldades e trevas derramando o desespero. Mas, igualmente ouvireis, nos momentos de desolação, depois de tudo, a misericórdia do Senhor dizer: — Tudo está terminado! Sim, mas agora penetrais na nova vida, onde tudo se vai iniciar sob novos aspectos. E ao seu cântico eterno, aos harpejos sagrados da esperança, na grande orquestração de felicidade, marchareis ditosos, abraçados, porque, enlaçados uns nos outros, vereis se destacar no imenso do infinito o símbolo ditoso: Com este sinal vencereis. E a cruz das vossas dores, a cruz das vossas lágrimas, a cruz dos vossos sofrimentos vos terá erguido até aos pés sacrossantos d'Aquele que simboliza para nós a própria vida e que é para nós a própria vida!

Meus amados irmãos! Seja em vossas almas a paz aquecida pelo fogo da vida, iluminada pela centelha do amor e irmanada pelos elos da Fraternidade do Senhor!

Vosso irmão, Razin"

✦

"Naquela noite inesquecível, após falar Razin, pelo médium Divaldo Pereira Franco, falou Castelã, a quem todos amamos; falou em espanhol, voz feminina, de grande suavidade e doçura:

'A maior felicidade da árvore ocorre quando ela se envolve de flores, se cobre de frutos. Para nós, a felicidade se torna maior quando nossas obras cobrem as almas desventuradas.

À semelhança da formiga laboriosa e da abelha inteligente, devemos perseverar frente aos compromissos, durante o resto da vida, para que então, cheios de energia, aguardemos sorridentes e felizes a noite indevassável dos últimos dias.

O homem que não se ocupa de semear é um louco. Por isso, Jesus se fez entre nós, como o divino semeador. Dos cimos felizes Ele desvenda todos os vales da terra verdejante, os floridos trigais amadurecendo, com suas espigas de ouro acendendo luzes sublimemente para o céu.

Em nós, é alegria dizer: graças à mãe Natureza, graças ao Deus Pai, criador.

Também nós, amados meus, chorando e sofrendo, em lágrimas de sangue, prostemo-nos junto ao abençoado campo da Terra, por ingrato que seja e, com nosso suor e nossas dores, revolvamos suas profundezas e depositemos, aqui, ali, por toda a parte, a semente da fé, da árvore da vida, para que um dia, de cima, possamos ver, florido e fecundado, o grande campo que nos foi designado pelo Senhor da vida. E assim, animados e felizes, sentiremos a graça, a bem-aventurança de termos nascido, sofrido e vivido a vida em toda a sua plenitude.

As flores de minhas palavras eu as dou aos corações que me são amados e à tua alma, alma irmã da minha, dos recantos pitorescos e adoráveis de Castilla Vieja, na encantadora Espanha.

Minhas carícias para ti, amado meu, e te beijo com a ternura de sempre.'

O Comandante, neste ponto, pediu uma data e ela a deu: 1484."

✦

Mensagem de Razin dirigida ao Comandante Armond, no dia 25 de fevereiro de 1955, na Federação, recebida pelo médium Divaldo Pereira Franco. Presente, José Gonçalves Pereira.

"Irmãos,

Somente àqueles que têm olhos de ver e ouvidos de ouvir as mensagens são reveladas e nunca aos que não têm visão e audição.

Naquele dia transcendente do Gólgota, a cortina sagrada do Templo foi rompida, como sinal de que a grande revelação estava feita. Hoje, também, para nós está rompido o véu de Ísis, porque as luzes da era nova mostram que não mais dominam o Boi Ápis do sacrifício, pois foi ele posto junto à Grande Esfinge para que fosse decifrada.

Tu sabes, Edgard, que, desde remoto passado, nossas almas se ataram na cadeia sucessiva das gerações e assim viemos até o dia de hoje.

De umas vezes tu no espaço e eu na Terra, de outras ambos juntos aqui ou ali e, agora, tu na Terra e eu no Espaço, ambos empenhados sempre na mesma sagrada missão de espiritualizar os homens; não como agora de os evangelizar, porque pertencemos a uma lei anterior ao Evangelho.

Assim, chegamos hoje à trilha nova rasgada pela mensagem do Cristo, mensagem redentora do mundo e à qual juramos fidelidade, devotamento, amor e sacrifício.

Empenhados estamos nesta luta de colocar marcos entre a sombra e a luz, delimitando caminhos de luz através de sombras e assim vimos lutando desde o escuro dos claustros e dos recintos abafados dos Templos, até as claridades feéricas das praças; e continuamos nos dias de hoje, sob as abóbadas universais dos

Templos espíritas de barro, difundindo a verdade, esclarecendo o mistério da palavra profunda do grande Iniciador da Galiléia.

Muitos e diferentes tempos sobre nós têm lançado a areia sucessiva dos anos, que, aos poucos se acumulam como sabedoria e, agora, mais fortalecidos, iniciamos a batalha decisiva, da qual depende todo o futuro e todo o êxito da nossa missão evolutiva; tu preso à carne e eu dela liberto, tu como receptáculo da fonte que é o Cristo e eu como a ânfora que ajuda a trazer a energia da fonte, para sustentar a chama, que não deve parar de brilhar na lâmpada.

Unidos, iniciamos há tempos esta jornada áspera, potente, junto a milhares de outros e da qual resultará a glória do mundo.

À semelhança de ti, outros, vindos de escolas anteriores ao Evangelho, conduzem companheiros que se espalham como iniciados pelo mundo todo e no Brasil, semelhantemente, esperanças novas medram aqui e ali, por toda a parte, para proteger o grande Terceiro Milênio, que tão de súbito se avizinha de nós.

E o grupo desta Fraternidade, célula *mater* desta escola no Brasil, dilatará seus ramos, realizando a criação de filiais, enlaçadas entre si como postes de uma mesma paliçada; ligados pelos poderosos fios do pensamento, estabelecerão fronteiras e muralhas para defender os bem-amados discípulos na hora terrível do caos que se aproxima.

Sinto que em tuas mãos as rédeas do poder da fé são conduzidas e que poderás orientá-las pela verdadeira estrada, sem a balbúrdia do sectarismo religioso e livre das confusões estabelecidas pelos homens.

Permanece, pois, idealista e, ao mesmo tempo, realizador; timoneiro e remador, segue sempre destemerosamente em busca do porto verdadeiro, que é o coração do Cristo, inundado das luzes eternas da verdade.

Ajudar-te-emos, porque talvez o corpo te desfaleça e a carne pobre te negue a energia necessária; porém, o Espírito inquebrantável bradará e, à sua voz de comando, novos grupos se condensarão, novas falanges se erguerão e o corpo julgado impotente despertará ao comando da própria voz e marchará, mesmo quando as células te negarem auxílio; quando te faltarem as vitaminas da energia nervosa, nós te daremos o fluido vital para que prolongues os teus dias, até que as bases definitivas da obra se completem e, então, te chamaremos a nós.

Por enquanto será assim como tem sido; os prognósticos humanos mentirosos e fracos falharão sempre que forem contra as diretrizes anteriormente traçadas, que tu vens seguindo à risca.

Aclara tua mente no bem; obedece as orientações sadias, mas não tergiverses com o erro, para que ele não te domine e não tome conta do caminho. Sê sempre reto, meigo, porém reveste-te da energia necessária para traçares, mesmo com brandura, diretrizes seguras, sem o que não se poderá marchar para diante. Uma voz de comando fraca morre no peito de quem a emite, tu bem o sabes.

E certos da excelsa e invisível presença do Senhor, marcharemos contigo por todos os caminhos. O nosso clarim entoará o cântico do amor e o tambor do próprio coração marcará a cadência firme da luta redentora.

Portanto, eu te abençôo e, na permissão do Cristo, serei sempre a tua inspiração para o bom combate.

Teu amigo, teu irmão,

Razin"

Dr. Bezerra de Menezes

Mensagens do Dr. Bezerra de Menezes

Note-se que nas situações históricas vividas pelo Comandante Edgard Armond na FEESP, descritas no capítulo "Primeiros Encargos", sempre houve a participação de Espíritos Dirigentes e Benfeitores de elevada hierarquia espiritual com o objetivo de divulgação doutrinária e implantação da estrutura organizacional dos Cursos de Espiritismo e da Escola de Aprendizes do Evangelho.

Assim como na codificação kardequiana os Espíritos utilizaram-se largamente das "evocações" nas comunicações, o período de implantação e organização dos trabalhos na Federação teve a atuação direta e constante desses Espíritos Dirigentes e Benfeitores, orientando as diretrizes a serem adotadas pela Casa.

As comunicações do Dr. Bezerra de Menezes na Casa, aqui divulgadas, dão uma idéia do quanto, e como, essa atuação dos Espíritos foi fundamental no alicerçamento das bases doutrinárias do Espiritismo, na Federação e em todo o País.

Mensagem de Bezerra de Menezes, recebida em 05 de maio de 1958, para ser distribuída entre os Discípulos e na Escola de Aprendizes do Evangelho.

"*Vibrações*

Este é um trabalho pioneiro que se realiza nesta Federação.

Podemos afirmar-lhes que, presentemente, em todo este imenso continente e ainda nos demais países deste orbe é o desta Federação um dos agrupamentos melhor orientados neste setor de atividades, ou seja, de vibrações.

A transcendência do trabalho foge ao seu alcance, pois, às vezes, não podem vislumbrar mais longe, ou se acomodam na condição de simples espectadores dos fatos.

Atraídos para tal realização da seara espiritualista estão ao seu lado milhares de núcleos espirituais, orientados diretamente por Ismael, preposto de Jesus no Brasil.

É mister esclarecer-lhes que, antes mesmo da realização desses trabalhos, já haviam eles sido previstos, planejados e articulados no espaço e que a direção desta Casa, perfeitamente sintonizada com o Alto, recebeu fielmente as nossas instruções e as retransmitiu e pôs em execução entre os trabalhadores de boa vontade.

É imprescindível, pois, que em cada um de vocês, haja a dedicação devida, para que possamos ampliar paulatinamente este setor de atividade, dando-lhe uma maior amplitude, que trará, por certo, conseqüências benéficas para todos e principalmente para o campo espiritual, onde serão aproveitadas ao máximo.

Este trabalho de vibrações realiza-se no espaço, dividindo-se os necessitados em quatro grupos distintos, a saber:

1º grupo — dos que sofrem de enfermidades graves;

2º grupo — dos doentes, cujo estado não apresenta gravidade, mas requer alívio imediato;

3º grupo — dos doentes afligidos por males psíquicos;

4º grupo — de lares que demandam pacificação e ajustamentos.

Para esses grupos são destacados quatro elementos, que exercem função de orientadores e que têm a seu cargo, conforme as exigências do momento, dois, três ou quatro mil colaboradores.

Cada um desses orientadores recebe a lista dos irmãos a serem beneficiados e respectivos endereços, os quais são atendidos individualmente. Temos, então, como vemos, um amigo espiritual para cada necessitado.

Às dezoito horas, esses milhares de elementos espirituais já estão a postos neste recinto, impregnando a própria atmosfera de elementos sutis e bênçãos curadoras.

Após as dezenove horas, inicia-se o ingresso dos irmãos encarnados, que chegam para o trabalho de vibrações, a que nos vimos referindo.

À porta de entrada, é destacada para cada irmão encarnado, que aqui chega disposto a colaborar eficientemente, uma entidade espiritual que o acompanha até o seu lugar.

Ao se ouvir a prece cantada é que consideramos o trabalho iniciado e no momento em que suas almas se elevam junto à melodia, caem sobre vocês com abundância elementos curadores e confortadores, que o irmão encarnado retém com maior ou menor quantidade, conforme a sua receptividade.

Iniciam-se as vibrações, que possuem, como já sabem, cor, perfume e densidade.

No recinto são colocados vários receptáculos, onde as vibrações passam a ser recolhidas.

O amigo espiritual que o acompanha estabelece uma corrente vibratória, mantendo-a em contato mútuo e constante até os receptáculos, que vão se enchendo e se iluminando rapidamente ou não, consoante a capacidade vibratória de cada um.

Em seguida, entram em ação os trabalhadores dos quatro

grupos já citados; exercendo o seu mister, de conformidade com a necessidade, retiram do receptáculo, com uma rapidez e harmonia jamais imaginadas, a quantidade de elementos de que precisam para levar a bom termo a sua tarefa, segundo o grupo a que pertencem.

A seguir, afastam-se para o cumprimento de suas obrigações.

Entram, após, grandes grupos, formados de seiscentos a oitocentos amigos espirituais, para as vibrações coletivas, durante as quais vibra também conosco o irmão desencarnado que os acompanha desde o início.

O que vemos, então, é um espetáculo grandioso; todo o ambiente se reveste de intensa luz e, ao vibrarem, os vossos pequeninos corações fazem o papel de um refletor e então, iluminando e riscando o espaço, vemos luzes das mais variadas tonalidades e intensidades e esses grupos de irmãos, com os braços estendidos para vocês, recebem o presente carinhoso do seu coração, para ser levado aos mais distantes setores da Terra, enquanto que, ao serem enumeradas, as Fraternidades já estão de regresso de sua missão, perfilam-se os Espíritos à sua frente, envolvendo-os na carícia do amor fraternal.

Por fim, quando o Espírito destacado para a exortação evangélica encerra o trabalho, as esferas mais altas jorram sobre vocês, as bênçãos do amor do Pai e, ao se retirarem, apesar de muito terem dado os seus organismos físicos, retornarão ao lar, saturados de elementos revitalizadores, em muito maior quantidade do que aquela despendida por vocês.

Tudo isso, queridos irmãos, no pequeno espaço de tempo em que privam conosco nesse trabalho edificante que são as vibrações.

Bezerra"

✦

Instruções do Dr. Bezerra de Menezes recebidas em 12 de maio de 1958.

"Meu caro amigo Armond,

Em nosso trabalho comum, que é este que se realiza na Federação, como administradores que somos de uma grande instituição de amparo e socorro com várias finalidades, é agradável trazer-lhe notícias sobre os reflexos que adquire o nosso esforço conjugado entre os beneficiados que procuram o nosso ambiente, na maioria das vezes em desespero de causa.

Em nosso esforço sempre crescente e constante, pois só assim poderia ser, a nossa Casa ganha o aspecto de um departamento de altas esferas espirituais, onde a atividade em prol da causa justa traz um amplo desenvolvimento, tarefa empreendida em nome do Mestre.

Quando o momento lhe soou e foi quase que jogado dentro desta Casa, então pequena e quase agonizante, nós confiávamos em sua boa vontade e esforço; conhecíamos sua fibra e sabíamos que não nos decepcionaríamos; mas mesmo assim ficamos surpresos ao verificar como assimilava em toda a plenitude as forças divinas que dia após dia, jorravam sobre você.

Batalhamos ao seu lado com o mesmo entusiasmo, anos e anos. Depositamos o elemento humano ao seu dispor para que num esforço conjugado, tudo fosse levado a bom termo; alguns ficaram, outros lá se foram demandando na mesma causa a outras casas, ou desistiram, fracassando, fragorosamente, para tristeza nossa.

Após todos esses anos que correram céleres e que trouxeram para nós do plano espiritual alegria e conforto e a você o cansaço das células, eu o convido, querido amigo, a estacar agora por um minuto apenas.

Forneço-lhe o lenço para que possa enxugar o suor da fronte e aponto-lhe o passado distante para que observe a multidão que beneficiou e que segue seus passos, abençoando a estrada ainda a palmilhar.

Nesta conversa de amigos talvez estranhes minha atitude; não venho de modo algum incentivar a sua vaidade, pelo contrário, trago-lhe forças para o prosseguimento da tarefa.

A equipe de trabalhadores encarnados é agora excelente e o selecionamento feito por nós indica que a sua confiança pode repousar no esforço desses amigos abnegados que colaboram contigo.

Toda esta nossa conversa é para que também digamos o seguinte, meu querido e amado amigo: agora, mais do que nunca, de mãos entrelaçadas, fazemos-lhe saber que a tarefa, após tantos anos de articulação, está apenas iniciada e que as realizações maiores, em seu início como estão, demandam agora maior esforço nosso. Mas se antes confiávamos em você, maior confiança temos agora.

E nesta parada que fizemos, eu lhe digo, tome alento, prossigamos, porque a estrada está longe ainda de seu final; adiante, numa curva promissora e iluminada, encontrará ainda por realizar um trabalho muito grande; talvez a coroa para os seus esforços e lágrimas de alegria para o seu coração.

Como administradores espirituais desta Casa, estamos apreciando naturalmente todos os seus movimentos crescentes. Nada mais justo, pois, que tragamos notícias das atividades espirituais que se realizam sobre este teto.

A Casa cresceu à medida que aumentava a sua necessidade. Se, nesse plano que habita, o aumento de paredes depende de uma série de circunstâncias complexas, para nós não existem dificuldades nesse setor. Assim sendo, pode imaginar a extensão do espaço que se estende sobre a sua Casa Espiritual.

Circundada por vários prédios pertencentes a agremiações e fraternidades aliadas diretamente ao seu trabalho, esses prédios formam um conjunto harmonioso dotado de grande atividade.

Sobre a própria Federação temos a sede principal onde se encontra o setor administrativo, que possui quatro pavimentos edificados sobre uma área de mais de cinco mil metros quadrados.

No primeiro pavimento, pela necessidade do entrosamento do trabalho, estão instalados departamentos administrativos para os setores de atividade das agremiações a que nos referimos.

No segundo, estão os fichários completos dos freqüentadores da Casa.

Para cada irmão encarnado que busca essa Casa, levado por amigos espirituais, na maioria das vezes, é feita uma ficha completa, da qual constam os antecedentes a essa existência, as dificuldades que devemos vencer e o auxílio que poderemos prestar, sempre considerando a lei do carma.

Não tendo em nosso plano a burocracia dos departamentos assistenciais da Terra, atendemos com rapidez e igualdade a todos os elementos encarnados que nos buscam.

Promovem-se todos os benefícios possíveis, inclusive o bem-estar material e os encaminhamos, de acordo com a boa vontade que manifestarem, a vários setores de trabalho e são todos conduzidos pela mão até o ponto que achamos útil ou necessário.

Nesse mesmo segundo pavimento estão os fichários dos colaboradores encarnados diretamente ligados à Casa.

Este trabalho obedece a uma rotina diferente. Em noites determinadas para cada setor de tarefa, recebemos a visita obrigatória desses irmãos, que vêm marcar nas fichas que lhes são fornecidas sua própria produção, tanto no que concerne ao serviço em si mesmo, como aos progressos realizados no foro íntimo. Somos exigentes em relação a esses irmãos.

Após a marcação, a ficha é levada a encarregados que, semanalmente, fazem o balanço do desenvolvimento espiritual de cada um, marcando na ficha os respectivos déficits. Ao tomarem conhecimento de tais déficits, os colaboradores terão que se esforçar para cobri-los, e a alternativa é ou saldá-los ou aumentá-los se houver negligência.

Tudo nessas fichas é pesado, medido e assentado, pois exigimos elementos cada vez melhores para colaborar conosco e, além disso, é necessário que também cumpram a tarefa que trouxeram ao encarnar. Como sabe, alguns a realizam brilhantemente, enquanto outros deixam muito a desejar, mesmo quando colaboradores nossos.

Continuando a percorrer esse pavimento, temos outra sala onde se deposita nossa maior esperança e especial carinho: os arquivos dos Aprendizes do Evangelho nos seus diversos graus.

Devotamo-lhes todo nosso carinho, porque nos procuraram espontaneamente, aspirando realmente ao discipulado. Por isso, seguimos bem de perto, um a um, anotando a movimentação de suas atividades, principalmente no campo da melhoria íntima.

Ao ingressarem na Escola esses irmãos, são chamados, também, ao nosso departamento os Espíritos que os acompanham desde o nascimento, sendo-lhes fornecidas instruções para que recebam o mais amplo auxílio de nossa parte e que cada um tenha o mais completo apoio na tarefa espiritual; porém, mesmo recebendo tal apoio, não quer dizer que haja sucesso completo para todos. De acordo com sua maneira de agir, o aprendiz prossegue triunfante ou estaciona na morbidez da personalidade ou, algumas vezes mesmo, abandona o campo em plena luta. Quando se fazem os exames espirituais periódicos, já as fichas se encontram preenchidas com a respectiva classificação, não fazendo os médiuns mais que receber e transmitir informações nossas.

Proporcionamos pois aos aprendizes as tarefas necessárias, e felizes os vemos se engrandecerem dia-a-dia aos olhos do Mestre.

Porém, fazemos uma distinção. Ao alcançar o aprendiz o grau máximo, que é a Fraternidade dos Discípulos de Jesus, cessa nosso auxílio, porque o irmão encarnado já está cônscio de suas responsabilidades e precisa, com sua conduta, conscientemente, fazer jus a sua situação e iniciar seu programa de ação do campo evangélico em suas mais variadas atividades. O irmão que assim não procede continua no curso como elemento da Fraternidade, mas sua ficha é retirada do nosso arquivo, como folha morta, para que o seu lugar seja ocupado por outro elemento de maior boa vontade.

A Escola de Médiuns recebe também idêntica atenção e carinho. Sentimos apenas ser este setor bastante instável. Diariamente procurado por muitos e diariamente abandonado por muitos, que não conseguindo logo o seu intento, que é o desenvolvimento de faculdades mediúnicas, esmorecem aos primeiros obstáculos. Este setor está afeto aos irmãos egípcios e hindus, que a ele se devotam dedicadamente.

Acima, no terceiro pavimento, temos em toda sua extensão salões de reuniões, onde, de acordo com os programas, são proferidas conferências e exortações evangélicas aos Espíritos já escolhidos e que, no abandono do corpo físico durante o sono, privam conosco em palestras agradáveis, de onde saem fortalecidos e revigorados.

No último pavimento temos os mais variados centros de estudos psíquicos para onde são trazidos não somente os freqüentadores da Casa, mas também uma elite espiritual selecionada por nós, que recebe o amparo e os esclarecimentos necessários para o prosseguimento de suas tarefas elevadas.

Os demais prédios que nos circundam são de auxílio direto aos encarnados, que para aqui também são trazidos à noite para tratamento de seus perispíritos e de seus males.

Quanto aos irmãos atendidos em trabalhos de cura especializados, passam também por estágios nessas dependências. Sobre o setor de curas falaremos mais tarde, mais pormenorizadamente.

Nas dependências de outros prédios, como o da Fraternidade dos Filhos do Deserto, está o setor especializado das curas de obsediados. Os obsessores são detidos ali por muito tempo para receber o necessário esclarecimento.

Trabalhando ativamente junto à Fraternidade da Rosa Mística de Nazaré, temos Meimei, que realiza grandioso trabalho junto às crianças e se esmera na assistência à gestante necessitada de amparo moral e material.

Isso tudo lhe dissemos, querido Armond, num relato sumário, sem poder nos estender, dada a exigüidade do tempo mediúnico, para que aquilate sobre o que repousa sobre sua cabeça. Continue pois, firme e serenamente, com os olhos fitos no Mestre. Vamos ampliar cada vez mais os nossos setores de atividade conjunta. Prosseguindo você, prosseguiremos também; declinando você, declinaremos também, pois nossas atividades decorrem uma da outra.

Os problemas mais urgentes, de espaço e recursos, serão logo providos. O que necessita, é continuar realizando sem parar.

Terá a nossa ampla solidariedade em todas as suas execuções, desde que estejam no programa de socorro e amparo.

Que Jesus permita que continuemos até o fim de sua atual jornada sempre juntos.

Bezerra"

✦

Mensagem de Bezerra de Menezes recebida em 19 de maio de 1958.

"Querido amigo Armond,

Os prognósticos de um trabalho promissor continuam e continuarão a exigir de nós cautela e esforço redobrado, constante vigilância, dadas as dificuldades com que se luta no ambiente heterogêneo da Terra.

Tudo está pronto para iniciarmos a investida contra os males e padecimentos dos nossos irmãos.

As curas já têm sido constatadas nos vários setores da Casa, mas aumentarão de número numa perspectiva feliz, para o desenvolvimento da Seara de Jesus.

Enquanto intensifica as medidas saneadoras no ambiente material, tomamos as providências que requer o plano espiritual.

À noite, quando seus organismos repousam (falamos de todos os colaboradores), seus Espíritos são trazidos imediatamente à nossa Casa Espiritual, onde recebem inicialmente uma aula, com várias orientações, a saber: emprego racional de uma mente sadia, como um dos elementos essenciais ao bom andamento do programa. Exortações de caráter evangélico, conduta individual íntegra, consciência das atribuições que lhes são conferidas.

Submetemos os colaboradores também a questionários, mais ou menos nos moldes dos que se formulam nas Escolas de Aprendizes, apenas com mais severidade — questionários esses respondidos verbalmente. Toleramos até três perguntas não respondidas ou ditas com evasivas. Isso acontecendo, sem o natural melindre do plano material, são esses Espíritos conduzidos a uma sala de meditação, semelhante à sua Câmara de Passes[8], colocada no plano espiritual sobre as suas, e ali ficam por algumas horas recebendo o que o plano espiritual lhes fornece, de acordo com as necessidades, e em seguida são levados ao salão de estudos, leitura, onde, de acordo com as exigências do momento, recebem livros elucidativos. Temos em nosso hospital, anexo à nossa Casa, um quarto para os colaboradores encarnados, onde se encontram trinta leitos imersos em penumbra reconfortadora, banhados por luz azul-escura, onde os irmãos têm contato com aparelhos que colocamos em suas cabeças. (São aparelhos simples, com um anel de metal que se prende à cabeça, tendo fios que se ligam a um grande

[8] Ver definição específica no Capítulo 24, do livro *Passes e Radiações*, de Edgard Armond. (Nota da Editora)

distribuidor de energia, colocado no centro e no alto da sala.) (Nota do médium, que observou pela vidência que lhe foi projetada.) Esse aparelho fornece raios de energia equilibradora do sistema nervoso, que traz como conseqüência harmonia para todo o organismo. Saturado dessas forças, o organismo espiritual transmite-as automaticamente ao organismo físico.

Essa espécie de tratamento fazemos às vezes em série de oito a dez aplicações nos colaboradores necessitados, que levam vida material intensa e que não aprenderam ainda, com a tolerância evangélica, como conduzir os seus passos e separar completamente a vida de preocupações da vida espiritual.

Quando trazem o organismo perispiritual em péssimo estado, são conduzidos diretamente à sala de que falamos. Isso fazemos, por serem elementos úteis e aproveitáveis. Ofertamos nosso auxílio e deles recebemos alegria no campo do trabalho.

Após o questionário, quando, para satisfação nossa, é ele respondido e cumpridos todos os requisitos, são os irmãos levados à sala de trabalho, localizada no próprio hospital.

Descreveremos agora, satisfazendo sua natural curiosidade e dos demais que tomarem conhecimento deste trabalho, o hospital a que nos reportamos várias vezes neste relatório.

Por bondade e insistência dos amigos, chama-se Hospital Bezerra de Menezes. É este um dos setores que absorve atualmente a maior parte do nosso tempo, pois acha-se em fase de acomodação e ampliação, de acordo com as nossas necessidades.

Era antes uma casa pequena com quatro salas. Ampliamos depois para dois andares de oito salas e hoje possui quatro andares e mais de trinta salas. Temos neste prédio um importante centro para médicos que se aprimoram nos conhecimentos da medicina, com a complexidade que ela aqui apresenta, para os olhos que descortinam a vida do Espírito.

Dedicam-se e apuram os seus conhecimentos, tornando-se ótimos colaboradores do nosso trabalho. Este centro de estudos ocupa todo um andar do edifício. Divide-se em várias especialidades.

Merecem também o nosso carinho e atenção, não somente enfermeiros e enfermeiras que prosseguem a tarefa iniciada na Terra, como também os que, neófitos no assunto, desejam dedicar-se ao próximo nesse setor. Temos atualmente neste centro de estudos em aperfeiçoamento cerca de oitocentos médicos e mil e duzentos enfermeiros e enfermeiras.

Prontos para o trabalho, satisfeitas as exigências da Casa, são esses elementos requisitados por amigos espirituais para outros centros e agrupamentos, onde se faz necessária sua colaboração anônima, sempre junto dos doentes encarnados.

É objetivo deste posto de socorro o serviço exclusivamente dentro do plano material.

Nossa atividade é mais intensiva à noite, pois, podemos agir mais livremente junto do organismo físico, conjuntamente com o perispírito. Quando o paciente entrega-se ao sono reparador, encontrando-se já a seu lado um enfermeiro, que junto dele esteve todo o dia auxiliando-o, ministrando principalmente durante as refeições até mesmo num copo d'agua, a medicação de que necessita para auxílio de tratamento, é levado ao nosso hospital; os que são considerados em estado grave, mas cuja recuperação é permitida, são logo entregues aos médicos encarregados. Os que não oferecem gravidade, mas que os nossos cuidados se justificam, são introduzidos num grande salão, onde, sob a luz que convida à meditação, ouvem a exortação evangélica que lhes é feita por Espíritos que vêm de outros planos, convidados por nós. Após a prévia preparação, inicia-se o trabalho dos colaboradores encarnados e desencarnados, nos mesmos moldes e com a classificação que aí se fazem , sendo apenas o tempo das aplicações, de maior duração.

Especifiquemos agora o que é de maior interesse no momento para você, ou seja, a ação e o trabalho dos grupos 1, 2 e 3.

Estes são setores afetos diretamente ao irmão Pasteur. Espírito valoroso que tem a seu lado centenas e centenas de colaboradores, formando equipes de trabalho, dentro de uma disciplina rigorosa. Iniciado no antigo Egito, pertencendo à Fraternidade da Cruz e do Triângulo, conduz a sua atividade acentuadamente no campo mental; para este trabalho, aliado não somente ao seu coração, como aos seus princípios de ação, está estritamente ligado a ele, o grupo 1. Obedecendo à programação realizada no espaço, uniram-se os elementos que agora aí se encontram, formando esse grupo, para numa ação conjunta, nas circunstâncias que se apresentam, vinculados pelos laços consangüíneos, não somente para executarem, mas também superarem nossas expectativas.

Em dias determinados, submetemo-lo a treinamentos intensos na esfera mental e das vibrações, sendo estas impulsionadas pelo amor. Guardando latente este treinamento, eles o transmitem ao trabalho no plano físico, já com grandes resultados, para satisfação nossa. Possuem esses irmãos, em menor ou maior quantidade, o elemento magnético de que necessitamos para curas. Esse treinamento, que se realiza em recinto fechado, é assistido em dias também determinados pelos colaboradores dos outros grupos, que já iniciamos nesse mister. Excetuando-se esses dias de treinamento, que são alguns por mês, realizam esses irmãos seu trabalho noturno junto aos irmãos necessitados, ligados a seu plano de ação.

O quarto andar do edifício está todo aparelhado para atender ao seu trabalho e assim que são os doentes conduzidos à grande sala cirúrgica, onde se encontra a postos o grupo 1, cercado pelos colaboradores dos grupos 2 e 3, o doente é introduzido e deitado na mesa cirúrgica; cerca-se o campo operatório de vibrações poderosas, trabalho dos encarnados, e todo o ambiente se ilumina; do alto, como se uma vigia fosse aberta, o recinto é inundado por uma luz intensa, que atinge não somente os operadores, mas principalmente o irmão que recebe o socorro.

Dentro do círculo que forma o grupo 1 encontram-se os colaboradores do nosso plano. Antes da entrada do doente, são todos instruídos quanto ao trabalho a executar e é assim que a ação mental e vibratória move os instrumentos cirúrgicos nas mãos dos nossos colaboradores. Exemplifiquemos um caso de câncer: o trabalho da equipe encarnada se inicia procurando conjuntamente com os Espíritos as terminações das raízes que se infiltram no organismo e, uma vez localizadas, começa o trabalho de inutilização dessas raízes que, ao secarem, retraem-se, voltando ao grande foco que as está lançando pelo organismo. Depois que se conseguiu agrupá-las novamente à massa cancerosa, inicia-se a ação sobre essa mesma massa, procurando então localizar com cuidado o germe causador da moléstia (por ser um vírus psíquico). Intensifica-se o raio de ação nesse sentido e é ele absorvido pelos raios de energia que se irradiam de todos os colaboradores. Esse trabalho leva às vezes toda uma noite ou, conforme o caso, mais de uma noite.

Continuando ainda a relatar o seu trabalho, esclarecemos, também, que ele é seguido e orientado de perto por você, que recebe diretamente do nosso plano o programa de ação a desenvolver. Conforme o caso e a natureza do trabalho, a equipe é substituída pelos grupos 2 e 3. Poderá assim verificar que o trabalho não se realiza apenas no momento em que o doente o procura no plano material, mas é a continuação do que já vem recebendo. Por isso, quanto mais intensa a sua ação no plano espiritual, como no plano material, o doente receberá alta em menor espaço de tempo.

No momento, aprimoramos principalmente os trabalhadores pertencentes a esses grupos, por lhes ter sido confiada a tarefa mais importante a ser desenvolvida presentemente. Com o tempo e a vulgarização desse trabalho, será necessário que novos grupos se formem, a fim de que se atenda ao número de necessitados que será sempre crescente. Mas, serão esses grupos sempre uma elite de colaboradores selecionados à altura do trabalho.

Somente são submetidos ao tratamento especificado acima os doentes confiados aos grupos 1, 2 e 3.

Bezerra"

✦

Mensagem de Bezerra de Menezes recebida em 20 de maio de 1958.

"Meu caro amigo Armond,

A atmosfera da Terra torna-se cada vez mais irrespirável para nós do plano espiritual, mais densa e aterradora do que para vocês, pois conseguimos vislumbrá-la com os detalhes que suas vistas obscurecidas pela densidade da matéria não conseguem.

Constitui, pois, para o nosso trabalho motivo de sérias preocupações.

Com a proliferação em massa, formando ondas avassaladoras, os micróbios geradores das mais diversas moléstias aproximam-se envolvendo tudo.

Vemos, então, no futuro bem próximo filas intermináveis de sofredores à nossa porta.

Cancerosos em massa afluirão pedindo nossa colaboração. Poderá comprovar o que lhe digo quando a reincidência dos casos aparecerem atacando com a mesma violência as crianças.

Aliadas a estes prognósticos preocupadores teremos também moléstias epidêmicas, algumas benignas, outras de caráter mais sério.

Visando tudo isso é que passamos ao encargo dessa Casa a necessidade de preparar os colaboradores encarnados.

Todos os irmãos, indistintamente, que emprestam sua boa vontade nos trabalhos de cura da Casa deverão ser alertados quanto à necessidade de: 1) Uma vida simples; 2) Uma alimentação isenta das complicações de temperos, ou pesada, trazendo trabalho e desperdício de energia ao corpo físico que necessita ser poupado; 3) Horas de repouso religiosamente vividas; 4) Dosar com racionalidade a sobrecarga de atribuições físicas e espirituais.

Porque é preciso que primeiramente gozem de amplo equilíbrio físico para suportarem o trabalho que aí vem, pois, esclarecemos, as comportas do sofrimento, que darão vazão a essa massa sofredora, ainda não foram abertas.

Nós insistimos nas recomendações sobre o equilíbrio físico e, quanto ao equilíbrio psíquico, os irmãos já conhecem sobejamente o programa e sabem que um será o complemento do outro.

O nosso programa futuro e que começa agora, no presente, será de uma amplitude jamais imaginada; todas as atividades da Casa girarão quase que em torno do programa de assistência aos enfermos.

A ampla divulgação que terá acarretará ataques políticos e religiosos, mas isso será matéria de somenos, pois caminhamos com Jesus.

Esse trabalho ficará conhecido não somente no Estado como no País todo.

A própria ciência se valerá abertamente dele, procurando solução a casos para eles insolúveis e que serão resolvidos em nossa Casa.

Por todas essas perspectivas que lhe fazemos entrever, é que é preciso se tomar a necessária cautela para que se assente em bases sólidas o edifício a se erguer, sem o perigo de desmoronar quando atingir as alturas.

E que são essas bases senão a disciplina rígida, tanto no que concerne ao plano físico, como ao plano do Espírito, quanto à preparação dos elementos humanos que trabalham conosco.

Encontraremos solidez para a obra se encontrarmos a equipe de trabalhadores na mais completa união e entrelaçamento de corações, sentindo em toda sua pujança a responsabilidade da tarefa a executar.

É preciso que, ao nos aproximarmos de qualquer elemento desses trabalhos, possamos agir sem termos que transpor os eternos obstáculos que impedem que tudo se realize em harmonia.

A orquestra então, meu querido maestro, está em suas mãos, por enquanto um pouco desafinada.

Porque enquanto você dedica especial atenção a esses grupos que especificou em 1, 2 e 3, outros, como o grupo grande de terça-feira e os trabalhos comuns de passes, navegam em plena rotina e displicência de responsabilidade.

Conhece perfeitamente, querido amigo Armond, o elemento humano.

Requer constante estímulo e é por isso que somos partidários de um constante entrosamento de todos os elementos, para que sejam conclamados sempre para diretrizes mais altas.

Reúna, por exemplo, quando achar necessário, todos os companheiros que colaboram nos variados setores de curas; transmitindo-lhes o que tem recebido de nós, fará com que ao seu lado entrevejam o futuro cheio de graves responsabilidades que os aguarda.

Faça-os vibrar ainda no mesmo entusiasmo que envolve suas atividades, fazendo-lhes conhecer os planos que deseja desenvolver, dando-lhes o lugar que a cada um compete no programa a desenvolver, fazendo-os sentir-se parte do todo.

Levante depois a batuta e faça soar o primeiro acorde e verificará com alegria sua e nossa como toda a orquestra vibra na mesma sintonia e entusiasmo, e a melodia que arrancar se elevará ao seio do Pai, que, enlevado, a devolverá em bênçãos de alegria e reconforto aos nossos Espíritos.

Especificando agora um pouco mais no contato com os doentes, diremos também que, além da assepsia psíquica, os colaboradores deverão ter a atenção que lhes compete quanto aos cuidados higiênicos compatíveis com o seu plano físico, cuidados esses que não vêm sendo observados; mesmo os cuidados espirituais não impedirão que os colaboradores adquiram, às vezes, moléstias contraídas em contato com o trabalho. Coisas corriqueiras são sentidas por vocês, por exemplo, alimentação ingerida após o trabalho com os enfermos e o contato das mãos à boca; todas essas pequeninas coisas são motivos de constante vigilância nossa, que agora parecem desnecessárias, mas, com o acrescentamento de doentes, trarão conseqüências desagradáveis.

Falando hoje sobre a colaboração propriamente dita, pensamos que, supridas todas as deficiências da melhor forma e boa vontade, entraremos no programa de ação, rigidamente, levando em frente a nossa empreitada, apoiados nós em sua energia junto ao plano encarnado e você em nosso coração e solidariedade aos seus empreendimentos.

Bezerra"

✦

Mensagem de Bezerra de Menezes recebida em 04 de junho de 1958.

"Querido amigo Armond,

Conforme o prometido, trago hoje esclarecimentos sobre o trabalho a que dedica tanto carinho e atenção, o trabalho junto aos irmãos enfermos e desesperançados que buscam a recomposição de seus organismos físicos junto ao nosso ambiente de socorro.

Primeiramente, penso que já conhece como nós aqui do lado espiritual encaramos tal questão.

A doença física é a bênção curadora do Espírito, mas não levemos agora o nosso esclarecimento sob esse prisma.

Todas as circunstâncias do momento são o alvo de todos os companheiros que labutam do lado de cá e que já possuem discernimento sobre a atual situação do planeta. É colaborar em todos os sentidos a fim de que o seu irmão encarnado acorde para a verdadeira vida e reconheça como único Criador, Benfeitor e

Nosso Pai e como única meta a seguir o aprimoramento espiritual, para que possamos formar amanhã uma comunidade mais feliz e elevada.

Por isso saímos em campo e nos utilizamos principalmente na seara espírita de todas as oportunidades do momento, a fim de junto a vocês servir também.

Sendo assim, querido amigo, vamos dar início agora ao cumprimento desse programa de assistência aos enfermos, que já estava estabelecido no espaço, a fim de se dar fiel cumprimento às ordens de Jesus.

Esse trabalho estafante, seu e de seus companheiros, é seguido como, já sabe, muito de perto por nós.

Dentre os irmãos que procuram esse socorro, conseguimos a recuperação espiritual de oitenta por cento, para nós uma cifra satisfatória. Desejamos porém conseguir mais, pois se a dedicação de seus companheiros encarnados em tal trabalho é grande, a dos amigos do lado de cá é ainda infinitamente maior. Apoiamo-nos em vocês, na dedicação e no completo desprendimento de vocês próprios, o que dará à tarefa uma maior amplitude. Conseguiremos daqui a algum tempo, segundo nossos cálculos, o número de noventa e cinco por cento de irmãos recuperados. Não é para nós, encarnados e desencarnados, uma perspectiva feliz?

Depois de feita a seleção, integrados na responsabilidade que exigem esses trabalhos, faça-os passar por um rápido curso de assistência aos atuais trabalhos, tendo o cuidado de escalar, para cada vez, um número reduzido.

A disciplina que sempre conduziu seus empreendimentos deve continuar se fazer sentida.

Principalmente nesse trabalho delicado, que é o de selecionamento de doentes, a rotina não deverá fazer hábito.

Introduza sempre novas modificações, principalmente no setor de comprovação mediúnica; selecione o trabalho à altura de nosso mister.

O médium deverá trabalhar com altruísmo, sem personalismo, no setor a que for chamado.

Da equipe de trabalhadores selecionados resultará o sucesso dos trabalhos, porque, às vezes, a resposta dada levianamente por um dos retransmissores põe todo esforço a perder.

Havendo falha e indisciplina, deverá o elemento que isso ocasionou ser chamado à atenção, uma vez que, acima de tudo, o bom andamento do programa deve ser preservado.

Iniciamos o assunto abordando o trabalho chave, que são as consultas espirituais.

Carente de radicais e urgentes transformações permanece esse setor, que já não se adapta mais às novas modalidades de trabalho a que foi chamado a atender; este cresceu e ramificou-se, necessitando de uma série de novas providências.

Segundo nossa maneira de ver, nunca é de bom alvitre permanecer nas mãos de um grupo de colaboradores um trabalho de responsabilidade como esse durante anos seguidos.

Os irmãos encarnados, pela própria rotina que a vida lhes oferece, deixam-se por ela envolver, deixando, pois, o trabalho de ter para eles o interesse e atração que antes exerciam sobre seus ânimos.

Por isso, aconselha-se que algumas vezes se façam modificações e que se dêem também oportunidades a novos elementos, que possuem também como estes idêntico valor.

Constantemente, enviamos colaboradores encarnados. Estes se encontram esparsos em vários setores da Casa e necessitam ser aproveitados, não só pelo fator boa vontade, mas também pelas faculdades mediúnicas que possuem; a questão será apenas selecioná-los.

Obedecendo aos desígnios divinos, foi colocado em suas mãos este setor delicado, a que chama de "curas especiais", que também detalharemos brevemente; para tais curas, é preciso, pois, que também o selecionamento de doentes seja feito com grande caridade pelos médiuns. Para isso seria de real interesse que formasse três grupos.

Um grupo exclusivamente para resposta a consultas de talão, que vem sendo feita com displicência e pressa, portanto de maneira precária.

Outro grupo que atenderia às solicitações que comumente você costuma receber.

O terceiro, por fim, também muito bem escolhido, onde seriam levados os casos mais graves à consulta, para receberem de nós deliberação quanto a serem encaminhados ou não para intervenções espirituais. Nesse terceiro grupo se faria também a seleção ou peneiraríamos os casos que dos outros dois grupos tenham sido encaminhados a esses trabalhos, de caráter mais delicado e de maior responsabilidade.

Trabalhariam então três grupos distintos, com as atribuições que lhes são peculiares, com todo o carinho de seus corações, tendo em mente que, neste ou naquele lugar, sua missão é uma só: servir ao Mestre aumentando sua seara e, por conseguinte, a colheita, sentindo que qualquer trabalho com Jesus é agradável.

Numa reunião, possivelmente mensal, deverá reunir os elementos desse trabalho, sendo nela indicadas as falhas e medidas sempre novas que deverão ser tomadas, trocando, às vezes, os elementos, tudo num clima de tal atividade, que obrigará os componentes dessa tarefa manterem-se atentos e com seu setor produzindo ativamente.

Se isso conseguir terá elementos sempre prontos para executar um trabalho perfeito.

Por enquanto, esse setor de intervenções não deverá ser divulgado aos quatro ventos, deixando que os resultados por si sós falem mais alto, trazendo a divulgação que se ampliará com o tempo.

Não se esqueça que você conduz todos esses trabalhadores,

que, às vezes, com certa inexperiência, deverão permanecer sob seu pulso firme.

Não contemporize mais, exija se preciso; não sugira diretrizes, ordene, pois o momento é de ação e não comporta mais espera.

Como sempre ao seu lado, envolvidos no amor de Jesus, caminharemos com você até o fim.

Bezerra"

✦

Mensagem de Bezerra de Menezes recebida em 06 de junho de 1958.

"Querido amigo Armond,

Queremos agradecer ao seu esforço e ao de seus companheiros que mais de perto colaboraram com você na reunião do dia de ontem.

Os resultados foram magníficos. Houve no íntimo de muitos colaboradores radicais transformações.

Todos, sem exceção, conseguimos verificar, colocaram-se ao seu dispor, resolvidos a cooperar individualmente e anonimamente.

À medida que você expunha e exortava, nossos colaboradores puseram-se em campo e, acompanhando de perto as reações dos que ali se encontravam, iniciaram também seu trabalho, alicerçando naqueles corações de boa vontade as diretrizes que traçava.

Muito felizes, verificamos que nosso esforço não havia sido em vão, quando à noite, o nosso salão se abriu de par em par e o nosso ambiente imerso em flores divinas recebeu-os festivamente e um a um dos que durante a tarde privaram com você receberam ao entrar os cumprimentos efusivos e emocionados dos nossos colaboradores, que, incansáveis, depositaram nos braços hesitantes dos que ali chegavam um punhado de lindas e etéreas flores, que foram absorvidas pelos seus perispíritos, na alegria do momento.

E, como à tarde, você novamente ocupou a nossa tribuna, consolidando o que já havia sido dito, inundando todos aqueles corações de uma confiança que permaneceu, envolvendo-os e preparando-os para o trabalho a realizar, mais do que nunca sentimos agora que tudo se fará segundo o desejo e desígnios mais altos.

Secundou sua palavra a exortação magnífica de nosso venerável Razin, que conosco luta no mesmo afã.

Após um pequeno intervalo onde música divina se fez ouvir, tiveram os irmãos o conforto e o encantamento de ver sair do etéreo a figura magnífica de Paulo de Tarso, em todo o esplendor que o circunda.

Veio ele como propagador dos ensinos do Mestre, conferindo a todos o título de discípulos e concitando-os ao sacrifício e à renúncia que o momento exige.

E para seu maior conforto dizemos também que como em nosso plano, onde após os trabalhos, os irmãos trocam idéias em convívio fraterno, assim permaneceu Paulo longo tempo ao nosso lado, palestrando amorosamente, infundindo com sua poderosa força espiritual ânimo aos nossos corações.

E como esta noite, ao conduzi-lo ao portal de nossa Casa, disse-lhe e repito novamente: amigo Armond, o momento chegou. Nosso coração repousa na fortaleza do seu; caminhe firme que a vitória não será nossa, mas sim da causa de Jesus, que se elegerá na glória desses corações que acabaram de sair.

Leve no meu abraço o escudo de nossa fraternidade.

Bezerra"

✦

Mensagem de Bezerra de Menezes, recebida em outubro de 1960, referente ao desencarne de Dona Leonor, mãe de Edgard Armond, nesta última encarnação.

"Queridos amigos,

Está conosco desde ontem e sob nossos cuidados a nossa muito querida Leonor.

Para júbilo nosso, chegou completamente desprovida de bagagem terrestre. Não trouxe consigo nem o perfume das flores que a cercavam.

Seu Espírito acompanhou o nosso, despreocupadamente, envolto na boa aura espiritual que adquiriu em contato com vocês.

Nossos corações cantam com todos pelo dever bem cumprido. Sua extraordinária vivacidade espiritual, empanada nos últimos tempos pela decadência das células, ressurgirá dentro em breve, logo após os nossos primeiros cuidados.

Seus filhos muito queridos que a antecederam desdobram-se em cuidados, continuando seu trabalho, porém de forma muito diferente: a música, em vez do cansaço; a alegria, em vez das preocupações, envolvem-na nestes momentos de regresso ao plano do Espírito.

Seu companheiro (esposo) assistiu conosco sua passagem, porém ainda não lhe foi permitida a permanência ao seu lado. Isso será sanado logo mais, quando as possibilidades auxiliarem Leonor a ir ao encontro dele.

Todas as oportunidades vividas na Terra têm seu peso escrupulosamente medido aqui em nosso plano. Leonor, com sua experiência, aproveitou-as bem, e com a diligência de sua alma passou bem por todas elas.

Vamos assim, queridos, nos despreocupar completamente.

Saudades? Sim, saudades da grande amiga que foi fazer uma

longa viagem, mas que foi também adquirir acomodações condignas, nos melhores palácios da região, para aguardar o regresso de vocês.

De posse da autoridade espiritual que Jesus me empresta neste instante lhes digo: tranqüilizem-se em espírito, porque cumpriram o dever de amor que lhes coube.

Tudo está agora em seus verdadeiros lugares. Os reajustes foram feitos e a união de vocês será perpetuada. Seu Espírito não partiu enquanto não sentiu que deixaria terreno firme e seguro, após ela, aos seus.

Prossigamos, a caminhada não cessa para ela e continua para todos que aí ficam.

Sempre que possível, as notícias virão por qualquer fonte.

Abençoa-lhes o Pai. Alegremo-nos com Ele, o doador de todas as dádivas.

Jesus permaneça com a sua paz em seus corações.

O amigo de sempre.

Bezerra"

✦

Mensagem de Bezerra de Menezes recebida em 5 de janeiro de 1961.

"Só podemos encarar o trabalho de unificação do Espiritismo no País com grande regozijo espiritual e nele procuramos colaborar com o melhor de nossas possibilidades.

Não julguem que sejam os únicos a desejar tal unificação. Muitos corações sinceros pulsam nesse sentido e saibam que são muitas as mãos a trabalhar por esse ideal.

O Mestre jamais distribuiu sua cooperação para com os homens em setores sem restringir-se a qualquer um deles em detrimento de outros.

Em todos os campos deve a Federação cooperar no trabalho, generosa e fraternalmente, amparando os colaboradores, talvez menos habilitados, de outros núcleos de trabalho.

Bezerra"

✦

Mensagem de Bezerra de Menezes recebida em 5 de janeiro de 1961.

"Os erros que o trabalhador bem-intencionado possa cometer são amorosamente relevados pelo Mestre. Não seja o receio de os cometer obstáculo a realizações de caráter mais grave, que, por sua seriedade, façam-lhe temer ferir algum irmão ou cometer injustiça. Ademais, a proteção do Mestre, se é grande sobre o trabalhador em qualquer campo, é imensa sobre o trabalhador evangélico.

É realmente necessário dar andamento a certas providências já de seu conhecimento e que não temos necessidade de aqui repetir. Saberá temperá-las com a brandura e a alta evangelização de seus corações bem formados. Mais não exige de vocês o Senhor, ao confiar-lhes posto em que tais atitudes são forçosamente requeridas e, um dia, ao Lhe prestarem contas de seus atos, essa evangelização íntima e sincera os isentará de maiores responsabilidades, com relação a pequenos desgostos ou desapontamentos que tenham causado a irmãos ainda muito sensíveis e um tanto personalistas, esquecidos de que, se o trabalho é tudo, o trabalhador é, quase sempre, mero instrumento a realizá-lo, devendo repetir as palavras do Mestre: 'Somos servos inúteis, pois fizemos apenas a nossa obrigação'. E se assim deve falar quem tenha feito toda sua obrigação, quão maior não deveria ser a humildade de quem não possa cumprir integral e evangelicamente a sua tarefa!

Em corações evangelizados como são os seus, não deve caber o receio, mas unicamente aquela confiança serena trazida ao Espírito pela aquisição do sentido que já têm bastante desenvolvido, isto é: a intuição.

Damos aos seus projetos integral apoio e nossa despretensiosa colaboração e sentimo-nos à vontade para afirmar que têm também o apoio do Mestre Jesus.

Confiem no Mestre, confiem também em nosso singelo e despretensioso apoio.

Bezerra"

✦

Mensagem de Bezerra de Menezes recebida em 15 de abril de 1961.

"Até o presente momento nosso irmão muito querido tem agido estritamente de acordo com as nossas inspirações, e temos tido a imensa alegria de vê-las claramente recebidas por sua organização mediúnica.

Pode crer que, embora se sinta realmente cansado física e intelectualmente, esse cansaço não lhe vem afetando a capacidade de recepção inspirativa.

Mediunidade, o irmão muito bem sabe, é questão essencialmente de sintonia. E em tão perfeita sintonia tem se mantido conosco, especialmente nos momentos em que seu coração se angustia, percebendo o perigo que corre a Casa de Ismael de ser desvirtuada em seus sagrados propósitos pela infiltração do mal e invigilância de irmãos, na verdade de boa vontade, mas ainda distantes do verdadeiro entendimento e longe de possuírem a capacidade de sacrifício e devoção que o anima.

No entanto, embora permanecendo, ao lado desses irmãos ainda incapazes de plenamente corresponder à requisição de serviço e dedicação que lhes é solicitada pela posição que ocupam, estamos muito mais estreitamente ligados ao querido irmão.

A palavra final que lhe podemos dizer, agradecendo a sua confiante consulta aos nossos modestos préstimos, é que prossiga de coração amoroso e confiante na proteção do Mestre!

De forma alguma poderíamos dar uma instrução direta aos irmãos que se tornam invigilantes, em pedras de tropeço. O irmão bem sabe que não seria aceita. Mas estaremos junto deles, não apenas para auxiliar a direção espiritual da Casa, como também a fim de ampará-los, evitando que caiam em terrível fracasso e sofram dolorosas conseqüências da falta de fidelidade manifestada no cumprimento de seu mandato.

Paz e imensa alegria junto a Jesus.

Bezerra"

✦

Mensagem de Bezerra de Menezes recebida em 23 de setembro de 1961.

"A obra a realizar é imensa e o número de aflitos e necessitados a socorrer quase infinito. Mas também o Mestre enfrentou esse triste horizonte ainda mais sombrio ao Seu tempo que agora.

Damo-nos por bastante felizes por ver que até o momento as tendências e infiltrações menos elevadas têm sido atalhadas a tempo. E vemos com ainda maior alegria que as tendências e infiltrações, se assim as podemos chamar, de origem superior medram admiravelmente graças à proteção Divina. Pelos resultados tão felizes, até a presente data, alcançados em todos os setores de trabalho da Casa, podemos unicamente regozijarmo-nos e agradecer ao Senhor.

Os novos trabalhos espirituais 'Pasteur' são os que maior atenção reclamam, no momento, até que comecem a funcionar e produzir como os demais. E o início de suas atividades é bastante promissor e contamos dessas atividades colher resultados tão bons e felizes como os que obtemos dos demais grupos.

Maior atenção recomendaríamos, entretanto, na escolha de colaboradores desses grupos. Não dizemos que os já escolhidos não estejam à altura de desempenhar suas tarefas; o que dizemos é que seria necessário evitar-se a admissão de elementos nesses trabalhos apenas por terem já colaborado por tempo mais ou menos longo na Casa sem se averiguar suas qualidades de auto-evangelização e capacidade de discrição a respeito do que presenciem.

Muitas vezes são presenciadas cenas cuja divulgação poderia até mesmo abalar a organização de um lar, não é verdade?

Uma palestra feita com amor a esse respeito melhor esclareceria alguns dos colaboradores. E lembrem-se, esses colaboradores, de que um simples comentário a respeito da gravidade do trabalho, quando mal compreendido, poderá ferir muito e provocar ainda maior desequilíbrio.

Estaremos atentos a qualquer dificuldade que surja, e caso não a possamos resolver por nós mesmos, inspirando os responsáveis por esses trabalhos, nos comunicaremos com o nosso irmão, a fim de pô-lo a par do problema.

Bezerra"

✦

Mensagem de Bezerra de Menezes recebida em 24 de setembro de 1961.

“Quando vemos o muito que foi realizado por nosso querido irmão Armond e a maneira como principia a funcionar, desembaraçada e promissoramente, a reestruturação da Fraternidade, embora dependa ainda tão largamente de sua orientação, concluímos que bem poderia nosso irmão reservar para si maior período de descanso. Só assim poderemos proceder a tratamento mais profícuo de seu organismo, a fim de prepará-lo para novas exigências de trabalho que surgirão.

Não é, portanto, exatamente um convite ao repouso que lhe fazemos, de vez que, após esse descanso e refazimento orgânico, esperamos que possa voltar pronto para ainda muito realizar. Mas o servidor do Mestre, como bem sabemos, não pode aguardar oportunidades de descanso quando tanto há a fazer, não é verdade?

Recomendamos ao nosso irmão, com muito empenho, que repouse e se submeta a tratamento médico e espiritual de seu organismo físico, para que este não venha traí-lo quando mais dele necessitar e quando mais precisaremos de sua atuação enérgica e evangelizada.

Bezerra”

✦

Mensagem de Bezerra de Menezes recebida em 23 de novembro de 1961.

“Mais uma vez, embora tenha a médium há poucos instantes lamentado a aprovação que usualmente dá às intenções alimentadas pelo irmão, de proceder desta ou daquela maneira, julgando seja tal aprovação fruto de animismo, vimos dizer que deve agir como vem fazendo até o momento, porém seguindo diretrizes em que deixe mais trabalho para os outros, reservando para si maiores períodos de repouso. Deve delegar todas as responsabilidades possíveis aos outros, num desligamento de tarefas que menos reclamem sua ação exclusiva.

Não recomendamos tal desligamento porque o pretendamos afastar do plano material tão cedo, pois não podemos ainda anunciar sua libertação dos encargos que assumiu. Desejamos antes reservá-lo para ocasiões em que será necessária sua atuação direta e quase que a de ninguém mais, embora naturalmente vá necessitar de apoio dos demais. E esperamos que o irmão nessa hora esteja não apenas livre de excesso de funções e sobrecarga de trabalho, para poder atender livremente a requisição que surgirá de serviço e atuação pessoal bastante intensa.

Não pedimos que deixe de qualquer trabalho. O que sugerimos é a intensificação do adestramento de seus substitutos habituais que apresentam ainda certas falhas de conhecimento de nosso irmão, as quais vêm sendo sanadas pela sua própria intervenção. Seria interessante dirigir a alguns dos irmãos que o substituem habitualmente palavras que os esclarecessem quanto a sua posição, não de meros substitutos, mas sim de futuros ocupantes definitivos de cargos de grande responsabilidade. Prevalece ainda a mentalidade de contar com nosso irmão para tudo supervisionar e acertar em caso de engano, não é verdade?

Quanto à reestruturação da Fraternidade, seria interessante uma reunião antes do próximo período de férias, despertando a atenção de todos para suas responsabilidades como membros de um organismo vivo e de grande importância que, absolutamente, não pode permanecer estacionário e eternamente à espera de que os outros façam, os chefes dirijam e os orientadores instruam. Seria útil reunirem-se novamente os responsáveis e membros de cada grupo, a fim de serem avaliadas as realizações de cada um e, especialmente, averiguado o que poderemos realizar com as possibilidades com que contamos.

Bezerra"

✦

Após um período superior a seis meses de afastamento, por doença, em 28 de dezembro de 1963 foi recebida esta mensagem de Bezerra de Menezes.

"Ensinamento velho de um século: 'melhor recusar noventa e nove verdades, a aceitar uma só mentira'. Velhas palavras, mais do que nunca atuais, pois, no fim dos tempos, afirmou Jesus, haveriam falsos profetas tão inteligentes e talentosos na arte de enganar que todo o cuidado seria pouco, e tão-somente os escolhidos escapariam às suas tentativas de enredar e desviar os trabalhadores.

Acautelem-se, pois nem toda palavra agradável é verdadeira, nem toda promessa tem cumprimento, nem todo médium, por mais bem-intencionado, é infalível; nem todo Espírito, por mais simpático e de agradável apresentação, é verdadeiro. Que dizer então dos que demonstram falta de urbanidade e equilíbrio à menor palavra que pronunciam?

Se dizemos 'cuidado' é porque os amamos; se os advertimos é para que despertem enquanto é tempo; se os magoamos agora é para evitar sofrimento maior e decepção mais intensa no futuro, de extensão tal que não só os feriria, como ainda poderia abalar a Casa que tanto amamos e pela qual temos lutado e sofrido há tanto tempo.

Acautelem-se, para que não se perca uma multidão de realizações úteis, devido a um engano que poderia ser evitado.

Confiem, sem olvidar o ensinamento de Jesus: 'Sede simples como as pombas e astutos como as serpentes'.

Deus os abençoe.

Bezerra"

✦

Mensagem de Bezerra de Menezes recebida em 11 de janeiro de 1964.

"Meu amigo,

Quando se aproximam dificuldades maiores e problemas mais difíceis, problemas que não nos cabe resolver, mas a própria vida e ao passar do tempo que tudo transforma e ilumina, mesmo os quadros mais sombrios, é bom que procedamos a uma espécie de avaliação, a um tempo íntima e exterior; é bom que se veja e pese o que se possui de recursos, qualidades e possibilidades e que se analise também o elemento humano de que estamos rodeados.

Se o resultado do balanço, interno ou externo, nos deixar um tanto desanimados, lembremo-nos de que, se dificuldades crescem e decepções se avolumam a cada hora, paira acima de tudo o infinito amor e absoluto poder de Deus. E esses, por infinitos, cedo ou tarde suplantam dificuldades, alteram perspectivas, transformam corações, esclarecem mentes. E, se é do quadro profético apresentado pelo próprio Mestre, um recrudescer da dor e do desequilíbrio, neste fim de ciclo, é da vontade de Deus que toda a carne veja a salvação. O que não se fizer hoje, far-se-á em melhor oportunidade.

Permita o Senhor que tenha o irmão forças, coragem e entendimento sempre mais claro das leis de Deus e da margem tão extensa de livre-arbítrio a cada um concedida; margem sagrada para o Criador, que a determinou ciente de que, se por agora conduz a erros e desatinos, amanhã será glorioso apanágio de Espíritos cristificados plenos de poder e amor.

Bezerra"

Ruy Barbosa

Castelã

Outras mensagens

As mensagens seguintes de Espíritos amigos, Dirigentes e Benfeitores da Casa deixam transparecer, num tom intimista — até de ligações de vidas passadas —, o apoio e incentivo do Alto diante das dificuldades enfrentadas na implantação da estrutura organizacional de trabalhos espirituais.

Mensagem psicografada datada de 21 de abril de 1958.

"Viver por um ideal, morrer por um ideal.
Eis o apanágio dos fortes e bem intencionados.

Ruy Barbosa"

✦

Comemoração de data histórica, em 21 de abril de 1958.

Posse para um novo período de gestão da mesma Diretoria, na FEESP.

"Liberdade para o povo, liberdade para a Pátria, liberdade para todos enfim, é o que naqueles corações vibrava. Sentiam-se pequenos para conter tanto esplendor em tão poucas células, que teimosas procuravam amarrar o impulso libertador, permanecendo como que asfixiados, tolhidos seus passos, pelas circunstâncias adversas.

Habituados a um reino de luz e de paz, onde predominava a liberdade, qual aves livres, de asas brancas, atravessando os céus em todas as direções, seus Espíritos irmanados sentiam e amavam com a mesma intensidade.

Esse punhado de criaturas, chefiadas por um grande idealista, desceu então a esse pedaço de terra para, com o vigor das realizações de que eram capazes, trazer ao Novo Mundo que despontava seus corações transbordantes de luzes e de um destino promissor, com esperanças grandiosas para o Brasil, que então ensaiava os seus primeiros passos.

A impressão que causou em seus Espíritos, o ideal aparentemente frustrado, trouxe-lhes novas forças, aumentando-lhes o cabedal espiritual, conferindo-lhes, ao mesmo tempo, novos direitos para prosseguirem na tarefa de libertação iniciada já há tanto tempo.

E é assim que os vemos voltar ao mesmo cenário terrestre, que guarda ainda com carinho o esforço e o sacrifício que eles despenderam há séculos.

O sangue derramado regou o ideal de luzes mais brilhantes e de anseios mais pujantes, que aí ficaram aguardando, latentes, outra oportunidade para figurarem no enredo de uma nova história a ser contada, mas agora não a de uma liberdade não conquistada, perdida, mas sim a da pujança espiritual que ganharia aos impulsos das diretrizes que trariam, libertando os Espíritos para uma era de renovação que surgiria para todos.

Para aí regressando, um a um, vemo-los conduzidos pelo mesmo idealismo de outrora. Repleto ainda de mais luzes, o ideal embala-os agora de uma nova ternura; a força espiritual impulsiona-os num clima e para uma conquista diferente.

Chamamos, então, a atenção dos queridos amigos para a coincidência das datas entre o acontecimento do dia de ontem, Assembléia de posse para novo período da atual diretoria, assistido despreocupadamente por vocês e o da data de tempos passados, 21 de abril; todos esses são detalhes já compreendidos por vocês e servem de incentivo às novas realizações espirituais.

Ao companheiro que tem agora em mãos os destinos espirituais do Estado e indiretamente da nação, novamente escolhido e apontado por todos os idealistas espiritualizados que nele confiam, vimos dizer que esse será o período áureo para a sua existência bem como para a de todos. Serão aproveitados em todos os sentidos, percebendo de perto a nossa presença amiga.

O incentivo para a concretização dos elevados programas que se realizam na Federação ganhará agora maior impulso; realizarão com a sua força vibracional e a vontade de servir parte da tarefa espiritual a ser cumprida por você, pois esperamos seja a outra parte executada no espaço de tempo que lhe resta na presente encarnação.

Que fique esta data, portanto, perpetuada na existência de Espíritos imortais que são; que ela possa constituir na eternidade a marca inequívoca do prosseguimento e da concretização dos seus ideais.

Receba, pois, querido amigo Edgard, as forças da amizade espiritual que lhe dedicam os amigos componentes das Fraternidades que fazem a cobertura da nossa e da sua Casa.

Fraternidade do Trevo
Razin"

✦

Mensagem recebida em 21 de abril de 1958.

"Recolho-te em meus braços hoje como te recolhia outrora.

Beijo tua cabeça como outrora te embalava em meus braços.

Acalmo teu pranto surdo como outrora acalmava teu Espírito irrequieto.

Faço contigo as preces como outrora em meus braços te fazia lembrar de Deus.

Acompanho teus passos como outrora o fazia veladamente.

E como outrora, quando o desânimo chegava, eu fazia como hoje faço ainda. Baixinho te digo: prossegue filho querido; o fardo parece pesado demais, mas não o é; verifica bem e observa como entre tanta escuridão consegues vislumbrar o sorriso da flor e sentir o seu perfume acalentador.

Tudo serão dificuldades e escolhos até o fim, pois disso sabias quando foste para aí, mas não deixarás por isso de sentir momentos suaves e doces que Jesus te proporcionará, como remuneração adiantada do trabalho que empreendeste.

Prossegue comigo, querido filho.

Margarida"

✦

"Mensagem recebida em 21 de abril de 1958.

Paizinho querido, enlevo dos meus dias, como sempre beijo-te muito as tuas mãos cansadas e o teu rosto querido.

Como naqueles tempos, venho trazer-te hoje a ternura do meu amor.

E agora comigo, paizinho, desperta teu olhar para o passado, não como vanglória, mas sim como incentivo aos dias pesados que hoje palmilhas.

Se prestares atenção, poderás lembrar o meu grande entusiasmo ao ver-te expor tuas idéias; meus dedos se cruzavam e ouvias então estalidos de minhas mãos que, frenéticas, batiam apoiando feliz tudo o quanto tua cabeça pródiga idealizava.

Hoje, paizinho, meu coração está ainda mais junto do teu e nada impede que permaneça longas horas ao teu lado, auxiliando-te dentro das minhas possibilidades nesse mundo maravilhoso de liberdade espiritual em que vivo, acompanhado de perto pelo teu Espírito, que me sente intensamente, encarcerado, porém, no casulo da matéria pesada.

E como nos velhos tempos poderás sentir o estalido de minhas mãos, que febricitantes te aplaudem sempre... sempre.

Agora, porém, mais feliz ainda porque te admiro no serviço de Jesus; e como é suave o seu jugo, não, meu querido? comparado à peregrinação desse mesmo Mestre, doce e bom, que tanto procuras exaltar na tua tarefa espiritual.

Num dia assim como o de hoje, de tanta significação para nós, estou ao teu lado, dele saindo apenas para trazer minha palavra mais concreta, para que possas sentir a veracidade do que digo.

E te peço neste instante: deixa transbordar de teu coração o amor precioso, que fecunda tua existência, esse amor memorável que possuis por Jesus e pelo trabalho.

Faze com que todos sintam o que consigo sentir em ti; fala-lhes do Mestre, como sei que sabes falar; traze ao aconchego espiritual o maior número possível de teus irmãos.

Realiza tudo isso com intensidade, prodigalidade e fervor.

Enquanto isso, teceremos à tua volta guirlandas de flores,

que irei buscar no seio da floresta, que perfumarão para sempre teu Espírito imortal.

Paizinho, meu paizinho querido, beijo-te muito e muito, com os beijos imortais do meu amor.

Ozíris"

✦

Mensagem recebida em 06 de junho de 1958.

"Filho querido,

Apesar de tua fronte cansada e teu semblante abatido, olho nos teus olhos e os vejo serenos e ativos; teu corpo se alquebra, teu Espírito, porém, cada vez adquire mais vida.

É o milagre do amor ao teu trabalho, ao teu trabalho com Jesus.

Sentimos, filho querido, que o teu eu espiritual eclode como a força de um vulcão, cujo potencial ninguém conhece, a não ser quando entra em atividade.

E com o nosso coração perto do teu sentimos essa tua potencialidade; nós verificamos também que o teu organismo físico ressente-se e não acompanha os largos passos de teu Espírito.

Mas não te preocupes. Nosso cuidado e nosso amor continuarão como sempre a te sustentar, até o momento do teu regresso.

Cansado, oprimido, continuarás sempre, porque te conhecemos e sabemos que tens ciência de que os olhos do Mestre te acompanham e teus amigos deste plano, muito ligados a ti, caminham contigo nas mesmas tarefas.

Vê, querido meu, como tudo isso é alentador e como o jugo se torna suave quando vemos que, além desta vida, o Espírito, readquirindo sua verdadeira personalidade, depois de uma existência intensamente vivida, voltada para uma causa justa, tem a aguardá-lo, em expectativa feliz, o amor de todos os companheiros que vivem na atmosfera sublime do amor de Jesus, transformando em flores encantadoras, que aureolarão tua fronte, inundando-te da luz radiosa, que acendeste nos corações dos companheiros da Terra.

Prossegue querido meu, querido de minh'alma, querido do meu coração.

Margarida"

Cooperando a distância; uma nova etapa...

A impossibilidade de estar presente diariamente na Federação, como havia estado, nos últimos vinte e cinco anos, não impediu que desse prosseguimento aos estudos, com a formação de um pequeno grupo de trabalho formado por médiuns de sua confiança, que se reuniam semanalmente em sua residência.

Da mesma forma, não sofreu solução de continuidade a produção de obras litero-doutrinárias, como os opúsculos para distribuição gratuita, tais como: *Curas Espirituais*, em 1965; *Caminhos do Espírito*, *Separações Conjugais à Luz do Espiritismo*; a compilação de *Comentários Evangélicos*, *Espiritismo Religião Redentora*, todos em 1966, sendo, este último, o agrupamento dos opúsculos, *O que é o Espiritismo*, *Religião Redentora*, e *Normas Básicas de Orientação Espírita*; *Para os Aprendizes do Evangelho*, e a compilação de *Comentários Evangélicos de Bezerra de*

Menezes, II, III, IV, V, em 1967, e *VI,* em 1968, estes editados também em espanhol e ainda nesse mesmo ano o *Histórico dos Trabalhos de Curas Espirituais na FEESP*. Os livros: *Almas Afins*, editado em 1967, *Às margens do Rio Sagrado*, em 1968, e *Na Cortina do Tempo*, em 1969.

Estando oficialmente afastado dos encargos inerentes ao trabalho que realizava na Federação, passou a orientar de sua residência as atividades de inúmeros irmãos e vários Centros que o procuravam, imbuídos dos mesmos princípios do Espiritismo Evangélico que disseminara. Assim, em 4 de dezembro de 1973, em reunião realizada também em sua residência, um grupo de companheiros fundou a Aliança Espírita Evangélica, visando a integração de Centros Espíritas ao mesmo programa, que seguia sempre a orientação recebida dos Veneráveis Mentores Espirituais, há quase um quarto de século. Da mesma forma, no início dos anos 80, auxiliou na formação do Setor 3 da Fraternidade dos Discípulos de Jesus, que propicia a reunião de Grupos Espíritas, envolvidos no mesmo trabalho.

Durante os primeiros anos de vida da Aliança Espírita Evangélica, ele deu sua colaboração na orientação das obras doutrinárias que passaram a constituir o patrimônio editorial da, então, nova, Editora Aliança.

Nessa década de 70 e na de 80 deu ele prosseguimento à redação de obras de interesse doutrinário. Escreveu os opúsculos: *O Guia do Aprendiz*, em 1970; *Comentando Pensamentos Construtivos*, *Os Aprendizes* e *Espiritismo, Religião Redentora* (vertido também para o espanhol), em 1976; *Fraternidades do Espaço*, *Libertação Espiritual*, em 1978; *Mensagens*, em 1979; *O Valor das Mensagens*, *Alerta aos Médiuns*, *Mediunidade Tarefa*, *O Guia do Discípulo* e *Alguns Aspectos da Vida em Júpiter*, em 1980; *Falando ao Coração* e *Aos Discípulos de Jesus*, em 1981.

Nos mesmos anos 70 e 80 foram editados os livros: *Dupla*

Personalidade, em 1970; *O Redentor**; *Psiquismo* e *Cromoterapia*, em 1974; *Relembrando o Passado*, *Na Semeadura*, vol. II, em 1977; *Salmos* e *Hora do Apocalipse*, em 1978 (sendo, este último, o agrupamento das seguintes obras: *O Apocalipse de João*, *Considerações sobre o Apocalipse de João*, de 1978; *Os Dias Finais*, *Difundindo o Evangelho*, *Épocas de Transição)*; e ainda *Livre Arbítrio*, *Vivência do Espiritismo Religioso* e *Amor e Justiça*, em 1979; *Mensagens e Instruções*, *Na Seara do Evangelho* e *Respondendo e Esclarecendo*, em 1980; *Lendo e Aprendendo*, *Tiradentes Missionário* e *Verdades e Conceitos I*, em 1981. No ano seguinte, *Verdades e Conceitos II* e, por último, *Enquanto É Tempo*, em junho de 1982.

Sem que tenhamos as datas de lançamento das respectivas edições, com exatidão, foram ainda publicadas as seguintes obras do mesmo autor: *Como Ensinar Religião às Crianças* (como colaborador), o opúsculo *Salmos*, *Relembrando o Passado* e *Comentários Esotéricos*, este, possivelmente, em 1926. Deixou também um texto inédito, com o título provisório de *Semeadura III* — posteriormente alterado, por ele mesmo, para *Lendo e Aprendendo*, e editado em agosto de 2001.

✦

Ainda que impossibilitado de atuar diretamente, jamais deixou de acompanhar, mesmo a distância, a evolução dos trabalhos que implantara, oferecendo sempre sua colaboração, orientação e aconselhamento fraterno.

Enquanto o físico lhe permitiu, continuou a redigir e a oferecer seu apoio a todos que o procuravam buscando uma palavra, um conselho, uma orientação. Enquanto pôde, participou com sua

* Livro com edição também em espanhol, pela Editora Aliança. (Nota da Editora)

experiência e sugestões a vários escritores espíritas e para a formação e encaminhamento de inúmeras casas espíritas, no país e no exterior.

As notas e comentários abaixo são exemplos disso:

(Texto a lápis, sem título, sem indicação de destinação e datado de 10.12.1981. Parece tratar-se de resposta a questionário, composto de cinco itens).

"Item 1

Nos tempos anteriores a 1940, o Espiritismo era mais conhecido nos aspectos inferiores dos cultos populares e era deprimente, para pessoas de maior cultura ou projeção social, dizer-se adepto da Doutrina. Era imensa a ignorância dos seus verdadeiros valores e finalidades.

O fator que conseguiu propiciar uma melhor acolhida foram os resultados dos efeitos físicos, que facilmente se alastraram, despertando curiosidade.

Nos centros espíritas predominavam os atendimentos materiais para doenças e conhecimentos doutrinários superficiais e ligeiros.

A fenomenologia dos efeitos físicos, por fim, predomina e esse era o índice mais alto no julgamento da mediunidade de então.

Desconhecido era o número de adeptos da Doutrina, porque muitos, nos recenseamentos oficiais, furtavam-se a declarar sua condição de espíritas.

Orientação espiritual não existia e o trabalho era feito segundo a vontade dos dirigentes, o que produzia uma dispersão geral.

Todas estas e outras mais razões, estavam a exigir a criação no Estado de São Paulo de um organismo responsável, que controlasse e orientasse o movimento, em sentido geral; o Plano Espiritual providenciou a respeito, com a criação da Federação

Espírita do Estado de São Paulo, em setembro de 1936, que passou a funcionar na sede do Centro Espírita São Pedro e São Paulo, à rua Barão de Paranapiacaba, sob a presidência do advogado João Batista Pereira. Aí permaneceu por quatro anos, efetuando preferentemente pregações evangélicas.

Em fins de 1939, em propriedade cedida pelo confrade José Andreuci, mudou-se a Federação para a rua Maria Paula, 158, formando um condomínio com o já referido São Pedro e São Paulo e a Sociedade Metapsíquica de São Paulo, sob o nome geral de Casa dos Espíritas do Brasil.

Em 2 de fevereiro de 1940 fomos nomeado Secretário-Geral da Federação e aceitamos o cargo. Logo depois extinguiu-se o condomínio e a Federação readquiriu seu nome original e suas atas passaram a ser independentes.

Estava tudo por fazer e iniciou-se sua organização como dirigente geral do movimento espírita no Estado; trabalhando-se com afinco, sete anos, reajustou-se também o setor espiritual; o irmão Bezerra de Menezes, ocupando o cargo de Diretor Espiritual da Casa, e o irmão Emmanuel, respondendo pela orientação intelectual do movimento, no Estado e no País.

A ordem do Alto era repor a parte religiosa no seu devido lugar e estabelecer as bases para a sua predominância no Estado e no País e ainda uniformizar as práticas, então, em plena discordância no País todo.

Para isso, propusemos a convocação de um Congresso Estadual Espírita, que se reuniu nesse mesmo ano, com plena aprovação e ótimos resultados doutrinários e administrativos, como se pode ver pelo livro *Anais do Primeiro Congresso Espírita do Estado de São Paulo*, publicado logo em seguida pela Federação, contendo em minúcias toda a documentação a respeito.

Para assegurar a execução das decisões do Congresso, criara-se antes do encerramento a União Social Espírita, na qualidade de simples *legenda de unificação*, e promovera-se um recenseamento espírita estadual, que acusou naquela ocasião a existência de pouco mais de setecentos mil espíritas no Estado.

Esta legenda, logo mais tarde, constituiu-se em uma sociedade civil, mudando seu nome para União das Sociedades Espíritas e, ao invés de legenda, fez-se uma nova sociedade como se encontra hoje.

Item 2

A metodologia, para qualquer empreendimento mais vultoso ou complexo administrativamente, é sempre indispensável para a ordenação dos fatores, sua movimentação e para manter a unidade geral dos empreendimentos.

Na assistência social é necessária para assegurar a unidade dos processos utilizados, limitar a forma de sua aplicação e para atingir-se os resultados visados e diferentes em cada ocasião.

Nas Escolas de Aprendizes do Evangelho é indispensável, para se controlar as atividades individuais, visando conseguir bons resultados, sobretudo na reforma íntima; para se formar discípulos aptos aos testemunhos evangélicos que devem dar futuramente.

Se nada disso houvesse, quem ou o quê responderia por sua conduta, por sua fidelidade, segurança e esforço para atingir as metas?

Item 3

Se tudo terminasse na Escola de Aprendizes do Evangelho, haveria dispersão, insegurança, domínio personalista, influência individual, negligência, esmorecimento no esforço e nas convicções; tudo isso deixa de existir se o discípulo sabe que está apoiado, sustentado, amado como sempre e pronto para ser orientado e acudido em qualquer circunstância.

Item 4

A humanidade, justamente por não haver tido uma iniciação

espiritual (que é privativa de algumas poucas comunidades orientais), limitando-se a freqüentar cultos de exterioridades, que não dão conhecimentos elevados e verdadeiros, não fez seu auto-aperfeiçoamento moral, normalmente vivendo sob os efeitos dos instintos da animalidade inferior.

O resultado disso é que, ao entrarmos agora no período final do selecionamento espiritual, para o advento na Terra de uma coletividade mais evoluída espiritualmente, o temor pelo desconhecido e a incerteza pelo destino, infelicitarão a maioria. Conquanto possa vir a suceder, que o temor pela morte coletiva, consiga produzir nos Espíritos, numa fração de tempo, alterações morais mais profundas e úteis, que séculos de vida mal vivida produziriam e milhares de seres que não sejam intrinsecamente maus consigam ainda passar, com este último auxílio, para a 'direita' do Cristo.

Item 5

Para companheiros inteligentes e lúcidos, que prestam ao Espiritismo o concurso de sua colaboração sincera e humilde, o que se pode dizer como advertência amiga, que a experiência, com o tempo, valorizou, é que não se deixem dominar pela intelectualização sistemática; usem o intelecto como recurso valioso que todos possuímos em maior ou menor grau, mas não se deixem conduzir por ele, porque muitas vezes leva para caminhos errados, desviados das realidades espirituais, que são, essas sim, fundamentais para o nosso futuro dentro da eternidade, em que evoluímos de regresso às origens divinas.

Exemplo: O intelecto ajuda na reforma íntima, mas não serve para vivê-la.

Sigamos preferentemente o que vem do mais fundo da alma, que é o caminho por onde fluem as melhores diretrizes dos sentimentos, isto é, do amor.

Coloquem o Evangelho acima de tudo e sigam seus

ensinamentos, porque ele é o mesmo código pelo qual seremos todos julgados após os desencarnes.

Neste ponto evolutivo a que chegamos, ainda a meio caminho da angelitude, a vivência evangélica é a única coisa que, pelo seu valor intrínseco, nos projetará para os mais altos cimos espirituais."

Como participante ativo de sua criação e incentivador constante e dedicado, não poderia deixar de encaminhar sua mensagem por ocasião dos trinta anos de atividades da Fraternidade, que, a seguir, é aqui reproduzida:

Mensagem no 30º aniversário da Fraternidade dos Discípulos de Jesus (início de 1982).

"Caríssimos Discípulos de Jesus e Trabalhadores em geral,

Afastado durante longo tempo do convívio fraternal convosco e da cooperação pessoal no plano coletivo, nem por isso, todavia, coração e cérebro adormeceram na inatividade, pois que prosseguimos sempre na difusão dos ensinamentos doutrinários e evangélicos e no seu testemunho inalterável.

E hoje, nesta brilhante e justa comemoração do 30º aniversário de fundação de Fraternidade dos Discípulos de Jesus, foi-nos impossível permanecer ausentes e aqui nos encontramos para comungar convosco, nesta vibração poderosa de amor e de alegria.

E valemo-nos do ensejo para saudar os velhos companheiros do período crucial de 1940 a 1950, da organização desta Casa, bem como os que vieram depois, no correr do tempo, e prosseguem, até hoje lutando pela sua permanência e engrandecimento espiritual.

E saudamos especialmente aos milhares de Discípulos de Jesus, que nesta Fraternidade do Trevo, do esforço superiormente dirigida por nosso irmão Razin, da qual adotamos o símbolo como estímulo e antecipação de vitória espiritual no futuro.

Caríssimos Discípulos de Jesus e Trabalhadores em geral.

Ao glorificarmos, hoje e muito acertadamente, esta Fraternidade, é natural e altamente conveniente que se recue um pouco no tempo, para conhecer melhor as razões que motivaram sua criação em 1952, não como necessidade surgida com o correr do tempo, mas como parte integral do plano inicial das atividades desta Casa, abençoada pelo Plano Maior, na individualidade respeitável e querida de Bezerra de Menezes, seu diretor espiritual.

Na organização da Federação, iniciada em março de 1940, teve-se sempre em vista duas ordens de considerações principais:

A primeira, estabelecer bases sólidas para uma construção que assegurasse o êxito do Espiritismo em nosso Estado e, a segunda, efetivar a revelação feita pela Codificação e pelas mensagens e instruções, emanadas do Plano Espiritual, segundo as quais o Espiritismo foi dado ao mundo no caráter de Terceira Revelação e revivescência do Cristianismo Primitivo.

Estas afirmações, por si sós, valiam como rotas traçadas e alvos certos a atingir, a saber: a difusão dos ensinamentos de Jesus em espírito e verdade, isto é, como Ele pessoalmente pregou, e a imperatividade da vivência evangélica, sem menosprezo dos dois outros setores de atividades que completam o corpo geral da Doutrina, o científico e o filosófico, do primeiro dos quais ela recebeu de vários cientistas confirmações elogiosas nos primeiros tempos de seu lançamento na Europa.

Na organização referida da Casa, a grande extensão dada aos trabalhos de assistência espiritual, como demonstração de caridade pública, e que serviriam também de norma para os centros federados; pouco depois, a criação da Escola de Aprendizes do Evangelho, para se proceder à evangelização com base na reforma íntima, e da Fraternidade dos Discípulos de Jesus, destinada ao testemunho pessoal dos ensinamentos, além de outras inúmeras iniciativas, provam claramente que foram seguidos fielmente os rumos traçados pelo Alto; e nem poderia ser de outra forma, considerando que as transformações morais pela reforma íntima e o testemunho em espírito e verdade dos ensinamentos são pontos inarredáveis e essenciais para a evolução espiritual dos seres humanos, neste mundo retardado que é a Terra onde vivemos; convém também destacar o elevado ideal que empolgava todos os trabalhadores e o estreito relacionamento, que desde o início se estabeleceu entre os dois planos e que muito concorreu para se vencerem as dificuldades que se apresentaram, sobretudo no campo da cooperação humana, adequada e útil e do sistema a adotar para a evangelização.

Mas, do ponto de vista da realização, essas dificuldades só foram realmente vencidas, com plena segurança e de forma definitiva, com a criação da Escola de Aprendizes do Evangelho e, pouco mais tarde, com a da Fraternidade dos Discípulos de Jesus.

A Escola resolveu, como já disse, o problema delicado e crucial das transformações morais recomendadas por Jesus, e a Fraternidade, este outro não menos importante e necessário, do testemunho livre dos ensinamentos, que são, repetimos, as duas condições essenciais para o apressamento da evolução espiritual na Terra e motivo pelo qual o Espiritismo foi dado ao mundo, como todos sabemos.

A Fraternidade não é um organismo comum que agrega pessoas movidas pelos mesmos interesses e objetivos, mas sim adeptos que cultivam o mesmo ideal, a mesma crença e o mesmo anseio de se devotarem ao bem comum coletivo, nos termos e condições indicadas pelo Divino Mestre, para a redenção da humanidade planetária.

É uma unidade integral que expressa em si mesma os motivos e as finalidades da Doutrina Espiritual que representa; onde quer que exista uma imagem sua, um desdobramento seu, ali estará também representado o organismo todo, não se admitindo, portanto, nenhuma modificação que afete sua integridade existencial.

No Espiritismo, a Escola e a Fraternidade significam união para a redenção, porque representam tudo o quanto é preciso para essa conquista espiritual humana neste ciclo evolutivo que se fecha.

O discípulo sabe o que dele se exige e dele se espera de sacrifício, de renúncia e de fé e, assim, se devota à sua santificante tarefa, fazendo-se de arauto, um exemplo vivo dos ensinamentos, certo de que ao termo de seu esforço, humilde e sincero, será digno de aproximar-se um pouco mais do Cristo Redentor Espiritual da humanidade.

Por outro lado, se a Escola de Aprendizes representa a reforma íntima e a Fraternidade dos Discípulos, a vivência e o testemunho das verdades morais e dos sentimentos espontâneos de amor aos semelhantes, estes organismos iniciáticos são, portanto, solidários entre si, para o êxito espiritual da Doutrina dos Espíritos, na sua expressão mais elevada; aliás, já é tempo que isso aconteça, vinte séculos após de esforços e sacrifícios, para se dar cumprimento aos ensinamentos do Divino Mestre, quando disse que 'quando seu evangelho de amor e de paz for levado a todo o mundo, então virá o fim.'

Sobe hoje a milhares o número de discípulos preparados nas Escolas de Aprendizes do Evangelho e é de se desejar que estejam, em maioria, realizando devotadamente as atividades que lhes são de responsabilidade pessoal e intransferível.

Como também o mesmo devotamento sempre se espera dos espíritas em geral, pois que se desde já nos preparamos todos, devotadamente, para vencermos a nós mesmos, com a reforma íntima e a vivência evangélica, seremos também porta-vozes do Divino Mestre na difusão e no testemunho de seus ensinamentos.

E, desta forma, possuindo-se o Evangelho, que é o código moral mais perfeito de quantos existem, e vivendo-o e testemunhando-o, em nossas atividades pessoais, concorremos também para a grandeza e a glória futura da Terra renovada, do Terceiro Milênio cristão.

E assim sendo, as entidades que subscrevem esta generosa e justa comemoração, corações e pensamentos postos no êxito final da doutrina que abraçamos podem, em uníssono, exclamar:

Meditai discípulos e trabalhadores em geral, fugi do mal, da rotina estagnadora, do artificialismo enganoso, das acomodações como sistema e hábito; unamo-nos todos em torno do Divino Mestre, transformando em força nossa conhecida fraqueza (porque o Pai multiplica as forças daqueles que agem em Seu nome, visando o bem do próximo), cooperemos também, para a recuperação das horas porventura perdidas, pois que o tempo se aproxima rápido, das apurações individuais e coletivas e pesam, sobremaneira, as responsabilidades da preparação para a redenção; lutemos e venceremos, ofertando ao Senhor o concurso humilde, precioso e sincero, de nosso coração e de nossos braços, para o triunfo do amor na Terra.

Tomemos resolutos as pás do arado e não olhemos para trás; o alvo que visamos é imenso; é a redenção; e o futuro espiritual da Terra está em parte posto na união de todos nós, e o esforço comum, marcará o sentido e a grandeza da tarefa a executar.

E enquanto as forças do mal tentam derruir os fundamentos da espiritualidade, fortifiquemo-los com o labor generoso e fecundo da nossa fé com Jesus pelo triunfo do Seu Evangelho, erguendo, por fim, baluartes sólidos e eternos da fraternidade no mundo.

E que assim seja."

Rádio Boa Nova, Guarulhos, SP, 1450 Khz AM (entrada, torres de transmissão, estúdio)

Entrevista à Rádio Boa Nova

Meu pai, em 24 de julho de 1977 concedeu entrevista ao programa Encontro Espírita da *Rádio Boa Nova*, de Guarulhos, SP. Extraída dessa entrevista, foi feita uma publicação pela edição especial do jornal *O Trevo*, em maio de 2000, comemorando os 50 anos da Escola de Aprendizes do Evangelho, que aqui reproduzimos:

"O mundo atual está se aproximando de dias bastante impressionantes e decisivos, na vida de cada um, porque nós sabemos que haverá um selecionamento espiritual desta humanidade ao termo deste século, que é um fim de ciclo evolutivo. Neste caso, acredito que quem veio para o Espiritismo numa hora destas, quem optou pelo Espiritismo, mostra que já está em condições de concorrer de uma forma mais confiante num selecionamento destes. Porém, como o Espiritismo é uma doutrina de ação e não de teoria, nem de crença cega ou fanática, acredito que só isso não basta. Então seria preciso que ele fosse espírita e que fosse um espírita que desse testemunho da Doutrina e o testemunho da Doutrina será dado no serviço aos seus semelhantes, porque acima de todas as regras e leis está aquela bem enfatizada por Jesus, que é de amar a Deus acima de todas as coisas e ao próximo como a si mesmo, e a fraternização da humanidade é o fim de toda a iniciação de cada um. Portanto, eu quero agora neste fim fazer um apelo a todos os espíritas, para que cuidem fervorosamente da sua iniciação evangélica, não se satisfaçam com as teorias, que não resolvem problema nenhum. A prestação de contas que nós temos que fazer após a morte será justamente essa de saber até que ponto nós nos evangelizamos e o que podemos oferecer ao Divino Mestre Jesus, após esta vida na Terra, agora tendo à mão todos os elementos necessários para nosso esclarecimento. E faço um apelo também, da mesma forma intenso e profundo, aos espíritas que vieram para as Escolas de Aprendizes, que não negligenciem os ensinamentos que receberam e prossigam no seu trabalho de reforma íntima e autopurificação, para que, dia por dia, trabalhem mais ou trabalhem menos, nunca deixando de trabalhar; dia por dia, se tornem mais merecedores da aproximação com os reinos felizes, dos mundos espirituais, onde o Divino Mestre abre os seus braços a todos aqueles que Ele já tentou redimir há 2000 anos."

Hinos espíritas

Além das obras de orientação doutrinária, escreveu a letra para os hinos de algumas Instituições com que sempre colaborou, como:

"*Hino da Aliança Espírita Evangélica*

Neste mundo atormentado
De maldades e ilusões,
Esta Aliança é um bem sagrado
De conforto aos corações.

Com Jesus nós venceremos
Na batalha contra o mal.
Sempre unidos lutaremos
Pelo nosso ideal.

Assim cantemos irmãos,
Este canto de louvor.
Nossas almas, nossas mãos,
No trabalho redentor."

Ou ainda:

"*Hino do Grupo Socorrista Maria de Nazareth*

Nosso Grupo Socorrista,
Patrocínio de Maria,
A Mãe Santa cujo nome,
Traduz amor e alegria.

Socorre o necessitado,
Liberta as almas sem luz,
A todos leva a verdade
Do Evangelho de Jesus.

Glorifiquemos a Deus,
No Seu imenso esplendor
De grandeza universal,
De paz, de luz e de amor." [Bis]

Letra de outro hino, por ele composto, o último quando ainda encarnado, foi a seguinte:

"Hino do Grupo Socorrista Maria de Magdala

Alma nobre que sofreu
Desprezo, atroz amargura.
Hoje é estrela no céu,
É luz que esplende e fulgura

Recordação que não morre
Lembrança que sempre dura. [Bis]

O céu se cobre de luz,
Resplandece em seu fulgor
Glorificando a Jesus
Nosso Mestre e Redentor.

E os corações se enternecem
Na lembrança desse amor. [Bis]

Glorifiquemos a Deus
Pai Nosso e Criador
Nas preces que lá nos céus
Têm merecido valor.

Reminiscência passada
Que envolve encantos de amor. [Bis]

O céu se cobre de luz,
Resplandece em seu fulgor
Glorificando a Jesus
Nosso Mestre e Redentor."

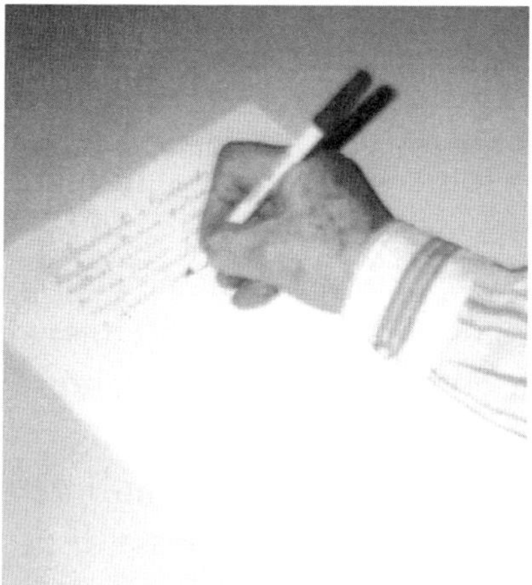

Última mensagem

Para encerrar essa série de mensagens, fechando com chave de ouro seus pensamentos sempre profundos, sempre a essência objetiva daquilo que desejava transmitir; deixando de conter o palavreado desnecessário, aquele que excede o prático, o objetivo, o essencial, sem dispersões ou construções enfeitadas, reproduzo o texto abaixo, escrito a lápis, datilografado e corrigido à mão e posteriormente redatilografado, em parte. Foi por ele datado na primeira datilografia como 7 de setembro de 1982. Este, talvez, tenha sido o último redigido por meu amado pai, nesta encarnação.

"*Conhecimento e Revelação*

Um conhecimento, uma prática material comum, uma arte ou uma ciência, procedem sempre de variadas origens e podem ser dominados mais ou menos facilmente pelo cérebro humano comum; e, desse conhecimento, podemos fazer o uso que desejarmos ou necessitarmos, conforme o que tivermos em vista.

Tais conceitos podem aí estar, dependendo de uma análise

mais demorada ou mais ligeira, e constituem um problema, que pode ser dado como resolvido, selecionado pelo cérebro humano, que o registra na mente física.

O mesmo, entretanto, não sucede com um sentimento mais profundo ou uma revelação transcendental, porque o conhecimento simplesmente intelectual está sempre fundido em moldes humanos, enquanto que as manifestações mais elevadas, muitas vezes, se colocam fora do nosso alcance, porque independem de nossa mente espiritual.

Para as manifestações, mesmo quando claramente intelectuais, não basta este registro, que não está sempre à nossa disposição e cuja absorção por parte da mente perispiritual pertence ao próprio Espírito somente quando este possui elevada capacidade evolutiva.

Para as primeiras, basta 'saber', prática ou intelectualmente, para atingir seus fins, mesmo sem poder interferir nos setores mais elevados dos seres humanos. Enquanto que, para as revelações do Alto, além da compreensão, é necessária a conscientização, a fim de registrar o conhecimento na mente espiritual, absorvendo-o no próprio coração.

Para estas, portanto, não basta 'saber', nem mesmo obter registro da mente humana, faltando-lhe o beneplácito espiritual mais profundo; necessita também, como já dissemos, da aceitação e da absorção referida, como ocorre com as revelações destinadas ao bem comum da humanidade, com exclusão, por inútil, de qualquer trânsito pelo metabolismo vital humano, visto que procede do Plano Maior e se destina ao bem comum universal."

Edgard Armond

A despedida

No segundo semestre de 1982 foi ele hospitalizado várias vezes e, quando estava em casa, os filhos se revezavam à noite, para assisti-lo no que necessitasse, aliviando um pouco o esforço já despendido por minha mãe, também já idosa, durante o dia. Lembro-me de nunca ter ouvido dele uma queixa ou um gemido de dor. Ao contrário, procurava, quando desperto, demonstrar uma disposição que sabíamos ser impossível sentir. O câncer o havia dominado, mas não demonstrava sentir dores e reagia sempre aos medicamentos que não fossem destinados especificamente ao combate da doença. Era necessário enganá-lo, para que tomasse um analgésico ou um remédio para dormir.

Assim foi até que, durante uma internação em fins de novembro, ele pediu a minha mãe que reunisse os parentes mais chegados. No fim da tarde do dia 28 de novembro, um por um, os filhos, noras, genros e alguns outros parentes, estivemos com ele, em seu quarto no Hospital Oswaldo Cruz. Comigo, conversou como o fazia normalmente, perguntou sobre minhas atividades profissionais, sobre o estado de saúde de minha mulher, que havia sido operada, assuntos gerais, não tendo deixado em qualquer momento transparecer que aquele era um encontro de despedida.

Na madrugada do dia seguinte, Edgard Armond, meu pai, desencarnou deixando em nosso coração aquele vazio, aquela saudade que não se apaga, que traz lágrimas aos olhos toda vez que pensamos, que nos dá sempre a sensação de que poderíamos tê-lo aproveitado mais, convivendo mais tempo com ele, do que aquele que realmente convivemos.

Mesmo sabendo tudo que a Doutrina nos ensina, mesmo sabendo que logo estaremos novamente juntos, mesmo assim é normal, é próprio da matéria, que sintamos a ausência física e sabemos, pelo Evangelho, que o próprio Cristo emocionou-se junto ao sepulcro de Lázaro.

Meu pai, que foi sempre para mim o exemplo, o conselheiro e o verdadeiro amigo de todas as horas, foi enterrado naquele mesmo dia no cemitério de Vila Mariana, em São Paulo.

O Informativo (número 4), da Fraternidade dos Discípulos de Jesus, publicou "Mensagem do Comandante Armond aos Discípulos da Fraternidade, ditada por ele minutos antes de seu desencarne". A mensagem é a seguinte:

"Queridos irmãos, eu espero que, a partir de agora, em um novo período, que é definitivo, haja uma compreensão mais profunda na mente de todos, para que a atividade individual seja altamente construtiva, no sentido evangélico.

Um abraço a todos.

Adeus.

Edgard Armond

São Paulo, 29 de novembro de 1982"

Esta é a parte da vida de Edgard Armond, em sua última encarnação, que consegui recompor, com as informações e dados que consegui reunir.

Nesta vida, em que tive o privilégio e o orgulho de tê-lo como pai, ele manteve sob sua responsabilidade a tarefa de definir as linhas e implantar as bases da unificação da Doutrina Espírita no País e ainda, e principalmente, orientar os espíritas que receberam a Doutrina codificada por Kardec, no sentido da constituição de uma Fraternidade, onde pudessem vivenciar e dar o testemunho evangélico, segundo os ensinamentos do Cristianismo Primitivo, que nos foram legados pelo nosso Divino Mestre Jesus.

Com certeza, ele plantou a semente e, como bom seareiro, soube deixar a todos nós que o sucedemos, a tarefa talvez menos árdua da colheita, mas certamente a pesada responsabilidade que permanece também com todos de preservar o terreno e realizar as novas semeaduras, para que as safras subseqüentes não apresentem perdas em quantidade e principalmente em qualidade.

Após seu desencarne, recebemos, em 1994, ainda mais um trabalho que realizou, agora no Plano Espiritual, em homenagem ao Espírito da sempre dedicada e amorosa "Castelã", que tanto o tem assistido em sua existência espiritual. Trata-se da letra do hino que reproduzimos a seguir e que foi psicografada pela médium Martha Gallego Thomaz.

"Hino do Grupo Socorrista de Castelã

Jesus, estamos te buscando,
Nesta tarefa cristã.
Inspirados pelo amor
Da nossa irmã Castelã.
Para oferecer ao mundo

Maior paz e maior luz,
É que hoje Te pedimos,
O Teu carinho, Jesus.

Para que a humanidade
Tenha dias mais felizes,
Continuemos lutando
Pela Escola de Aprendizes.
Servindo às criaturas.
Servindo ao Criador.
Pai Celeste, abençoa
A nossa Escola de Amor.
És a luz que não se apaga.
És o amor que não se cansa.
Dá ao nosso coração,
A coragem, a esperança,
De um dia nos reunirmos
Quais leais filhos de Deus.

Por favor, Mestre, abençoa [Bis]
Os Aprendizes que são Teus.

Encerrando este trabalho, que tento deixar aos irmãos em Cristo como uma ferramenta de estudo e análise, de testemunho e de exemplo, desejo agradecer ao Alto toda a orientação que possa ter merecido receber e o faço, através da prece que meu pai escreveu, para os alunos da Escola de Aprendizes do Evangelho:

"Pai celeste, Criador
Fonte eterna de bondade
Auxilia-nos, Senhor
A conquistar a verdade.

Abençoa o nosso esforço
Para o Teu reino atingir
Dá-nos, Pai, a luz que aclara
Os caminhos do porvir.

És a glória deste mundo,
És a paz e a esperança;
És a luz que não se apaga,
És o amor que não se cansa.

Dá-nos força para sermos
Os arautos do Teu amor;
Testemunhos verdadeiros
Do Evangelho redentor."

Que assim seja.

Campanha de Preservação da Vida
EDITORA ALIANÇA
Tema: ABORTO

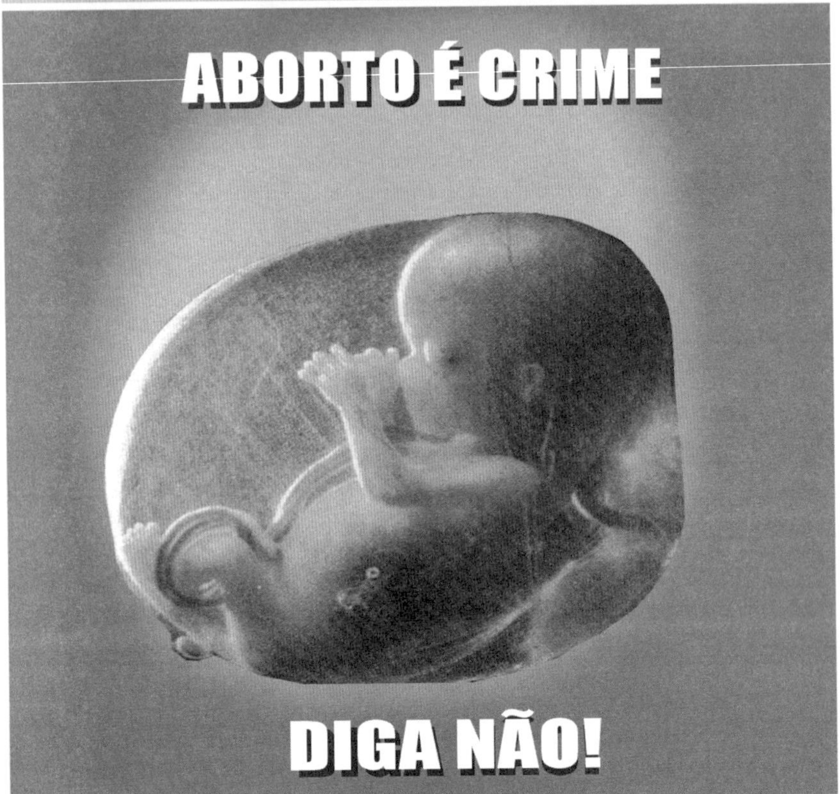

O Livro dos Espíritos, Allan Kardec - questão 358:

Pergunta: *O aborto provocado é um crime, qualquer que seja a sua concepção?*

Resposta dos Espíritos: *Há sempre crime quando se transgride a lei de Deus. A mãe ou qualquer pessoa cometerá sempre um crime ao tirar a vida de uma criança antes do seu nascimento, porque isso é impedir a alma de passar pelas provas de que o corpo devia ser instrumento.*

Campanha de Preservação da Vida
EDITORA ALIANÇA
Tema: PREVENÇÃO AO SUICÍDIO

CVV – A linha da vida
- Organização arreligiosa -

24 horas por dia, sábados, domingos e feriados, o **CVV** não pára. Nos 53 postos espalhados pelo Brasil, há sempre um voluntário disposto a conversar.

Há 46 anos, o principal objetivo do **CVV** é valorizar a vida, oferecendo o que não encontramos no dia a dia, atenção, solidariedade, respeito, e sigilo.

O serviço é **gratuito.** Atende por telefone, carta, e-mail ou pessoalmente nos postos. Não é necessário se identificar e pode-se conversar sobre qualquer assunto.

Por telefone basta discar **141**. Para outras informações acesse o site: ***www.cvv.org.br***

Não deixe de conhecer as publicações da Editora Aliança. Uma variada linha editorial.

Bezerra de Menezes, o médico dos pobres
A vida e a obra do dr. Bezerra de Menezes, numa de suas melhores biografias.

Edgard Armond, meu pai
A história do homem que criou as escolas de Espiritismo no Brasil

Edgard Armond, um trabalhador da seara espírita
Correspondências pessoais tratando de questionamentos doutrinários.

O Cristianismo Primitivo
Os acontecimentos históricos que levaram as distorções dos ensinamentos originais do Cristo.

Entendendo o Espiritismo
Curso básico de Espiritismo, enfocando evolução histórica e doutrinária.

Raio X do Livro Espírita
Referência de como escrever um livro espírita ou psicografado, de Eurípedes Kühl.

Caminhos de Libertação
A visão da Doutrina Espírita diante de inúmeras questões sociais e humanas.

Diferenças não Separam
Obra mediúnica, pelo Espírito Ranieri, com abordagem segura sobre assuntos diversos da vida.

Iniciação Espírita
Curso regular das Escolas de Aprendizes do Evangelho.

EAE, Perguntas & Respostas
Seleção de textos sobre o processo iniciático com base nos ensinos de Jesus.

FDJ, Perguntas & Respostas
Perguntas e respostas sobre a organização e o funcionamento da FDJ.

Vivência do Espiritismo Religioso
Programas do movimento da Aliança Espírita Evangélica

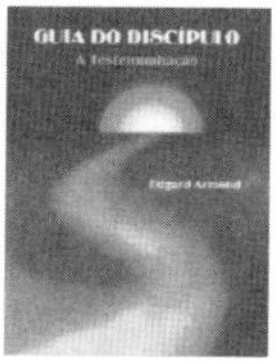

Guia do Discípulo
Manual de orientação para o servidor que ingressa no 3° grau da iniciação espírita.

Guia do Aprendiz
A Manual de orientação para o aluno que ingressa no 1° grau da iniciação espírita.

Uma História Quase Comum
A saga de uma imigrante catalã no Brasil e suas lutas em busca da felicidade.

Orientação e Encaminhamento na Casa Espírita
Como realizar orientações e encaminhamentos na Casa Espírita.

SÉRIE EDGARD ARMOND

Sempre Bons Livros e Muito Conhecimento à Luz da Doutrina Espírita!

Os Temas Mediúnicos

Métodos Espíritas de Cura
Métodos espíritas de cura, o funcionamento da mente e repercussões espirituais. As cores e a aura.

Desenvolvimento Mediúnico
Um roteiro perfeito para o bom funcionamento da mediunidade.

Mediunidade
Seus aspectos, desenvolvimento e utilização

Passes e Radiações
Métodos de cura e tratamento espiritual.

Amor e Justiça
Conflito de um casal entre os erros da vida passada e o momento atual.

Às Margens do Rio Sagrado
A Índia como um cenário de evolução espiritual.

A Dupla Personalidade
Estudo de um caso de regressão de vidas passadas.

Os Romances e a História Espiritual da Humanidade

Na Cortina do Tempo
Sobreviventes salvos da Atlântida preservam seus conhecimentos destinados à posteridade.

Almas Afins
A trajetória de Espíritos afins desde a submersa Lemúria até os dias atuais.

A Hora do Apocalipse
Esclarecimentos sobre a polêmica virada do milênio.

Os Exilados da Capela
A formação e evolução das raças no planeta Terra.

Os Temas Doutrinários e Evangélicos

O Redentor
Vida, obra e ensinamentos do Mestre da Galiléia.

Relembrando o Passado
Casos diversos vividos em 35 anos de experiências doutrinárias.

Comentários Evangélicos
Comentários evangélicos pelo dr. Bezerra de Menezes.

Verdades e Conceitos I e II
O ideal de Aliança em importantes resoluções históricas.

O Livre-arbítrio
O livre-arbítrio e a evolução do espírito são aqui dissecados na lógica espírita.

Religiões e Filosofias
Estudo comparado entre as religiões e filosofias de ontem e de hoje.

Respondendo e Esclarecendo
Resposta e centenas de questionamentos sobre Doutrina Espírita.

Semeadura I e II
Temas doutrinários abordados com objetividade e clareza..

Enquanto é Tempo
Pontos essenciais da Doutrina dos Espíritos.

Salmos
Enaltecimento à evolução e à reforma íntima pelo Evangelho.

Mensagens e Instruções
Importantes mensagens de Edgard Armond aos trabalhadores espíritas.

Lendo e Aprendendo
Mais temas doutrinários, com índice remissivo de *Semeadura I e II*.

Na Seara do Evangelho
Focaliza assuntos da vivência diária, com explicações doutrinárias.

Prática Mediúnica
Levantamentos sobre a realidade da prática mediúnica e melhores direcionamentos a respeito.

Tiradentes Missionário
Prosa e verso sobre o momento espiritual da Inconfidência e Tiradentes missionário.

Falando ao Coração
Coletânea com orientações que auxiliam na transformação do homem-velho para o homem-novo.

O Espiritismo e a Próxima Renovação
Coletânea de estudos doutrinários abordando temas diversos.

Conheça também nossos livros infantis:

PLANETA AZUL
A visão de um planeta ecologicamente correto para o nosso próprio bem-estar.

O RETORNO DE CHUVITA
Uma noção natural de rencarnação para a criança pelo ciclo da chuva.

O CASO DAS IRMÃS FOX
A sobrevivência do Espírito com aventura e emoção.

A HISTÓRIA DO QUADRADINHO
Uma história de fraternidade.

GIRANDA
Um lugar bonito e gostoso para se viver.

A FÁBRICA DE PENSAMENTOS
Como é que surgem os pensamentos? Você sabe? Descubra conosco.